KB254160

가난한 부모라면
세상에 맞설 지혜를 줘라

평생 공부와 인성을 좌우하는 아이 습관 3년의 비결

가난한 부모라면
세상에 맞설 지혜를 줘라

이상화 지음

다섯
에듀

나 같은 부모들에게

미안함. 아내와 두 아들에게 가진 미안함 때문이다. 재력을 가진 부자 부모, 의사 직업을 가진 엘리트 부모, 대학 교수 직함을 가진 똑똑한 부모가 아니라서 미안했다. 이런 부모에게서 태어난 아이들이 받는 혜택을 나는 줄 수 없다. 나의 자녀교육에 대한 관심과 공부는 가난한 내게서 태어나 고생하는 아이에 대한 미안함과 아이를 키워본 경험이 없는 불안함에서 시작됐다.

'이건희나 스티브 잡스처럼 부자의 자녀로 태어났다면 행복했을까?'

'의사에게서 태어났다면 더 훌륭하게 자라지 않았을까?'

'1년에 1억 이상을 자녀교육에 투자하는 부모는 어떤 부모일까?'

'난 자녀를 행복하게 키울 수 있을까?'

두려웠다. 나와 다른 환경을 가진 부모와 아이들이 부러웠다. 그러나 내 자식이 가난한 부모에게서 태어난 것을 후회한다면, 내가 지켜온 일 말의 자존심에 상처를 입을 것 같았다. 차라리 아이를 낳고 싶지 않았다. 그러나 한편으로는 돈 없이도 아이를 그들처럼 키울 수 있는 방법을 찾고 싶었고, 희망을 꿈꿨다.

아이가 가난한 나처럼 살지 않을 수 있는 지혜를 주고 싶었다. 아이를 풍족하게 키울 형편은 안됐지만, 아이를 낳기로 결심하면서 신께 기도했다. 아이를 내게 주신 것에 감사하며, 아이를 잘 키울 수 있는 자신감과 용기를 달라고.

내 이야기는 한 달 과외비로 수백만 원을 지출하는 부모들에게는 별 것 아닐 수 있다. 나는 이 책을 자녀의 행복을 위해서 무엇이라도 절실히 해주고 싶은 보통의 평범한 부모들을 위해 썼다. 고통스러웠던 지난 가난한 날들과 부모로서 서툴고 부족했던 내 이야기를 털어놓는 것이 여간 부끄러운 것이 아니다. 그렇지만 나와 비슷한 상황과 형편에 놓인 부모들이 가난 때문에 자녀교육에서 희망을 꿈꿀 용기를 잃지 않고, 좌절하지 않기를 바라는 마음으로 용기를 내기로 했다. 부디 나 같은 부모들이 내 이야기를 통해서 아이와 함께 배우고 느끼는 시간들이 얼마나 가치 있고 소중한지 깨닫고, 그 속에서 희망을 발견하고 자녀와 함께 꿈꿀 수 있기를 바란다.

2012년 3월

이상화

● 목차

머리말 • 나 같은 부모들에게 ● **4**

첫번째
3년

이야기하는 아빠,
책 읽어주는 엄마

INTRO 가진 것 하나 없지만 ● **12**

가난한 부부가 찾은 부모의 길 ● **13**

엄마는 마음으로, 아빠는 머리로 ● **24**

아이의 두뇌를 깨우는 부모가 되기 위해 ● **36**

부모의 마음을 느끼는 아이의 감정 ● **44**

아이에게 책은 갖고 노는 장난감이다 ● **53**

인내심으로 시작하는 평생 가는 습관 만들기 ● **62**

호기심을 살아있는 공부로 ● **76**

두번째 3년

부모가 함께하면 아이는 모든 것이 즐겁다

INTRO 행복을 꿈꾸기에 ● 86

신기하니까 알고 싶고, 재밌으니까 공부한다 ● 87

백만 권의 경험을 하는 아이의 시간 ● 95

아이는 아이답게 ● 100

반복하는 습관의 힘 ● 110

긍정하는 태도와 마음을 키우는 부모의 자세 ● 117

아이에게 맞는 공부와 생활 습관 ● 126

평범한 부모를 위한 똑똑하고 착한 아이 키우는 방법 ● 133

세번째 3년 아이의 3년, 위대한 습관의 힘

INTRO **기적 같은 이야기** ● 144

가족의 의미를 깨우치기까지 ● **145**

평생 가는 초등 입학 전 습관 ● **155**

습관의 효과 ● **162**

늘 새로운 자극과 끊임없는 동기 부여 ● **171**

신뢰관계가 아이의 미래를 좌우한다 ● **181**

배려하는 마음도 부모가 들여주는 습관 ● **191**

어학연수 가지 않고도 영어를 잘하는 방법 ● **197**

네번째
3년

부모의 인생,
아이의 인생

INTRO **미안해, 고마워** ● 206

아이의 자신감을 키워주는 말 ● 207

가난함과 부유함의 차이를 논하다 ● 217

가난한 부모가 부자 부모를 이길 수 있는 교육 ● 226

생각과 마음을 알아가는 하루 1시간 대화 ● 237

아이는 마음보다 몸이 먼저 자란다 ● 249

장점만큼 단점을 기쁘게 본다 ● 259

아이의 꿈을 따라가는 길 ● 268

에필로그 · 10년 후의 아들에게 ● 278

첫 번째 3년,

평범한 머리를 똑똑하게
바 꾸 는 시 간

이야기하는 아빠,
책 읽어주는 엄마

가 진 것 하 나 없 지 만

:
:
:

내 아이만큼은 최고로 키우고 싶은 것이 부모의 마음이다.

아이에게는 부모가 전부다.

모든 부모는 아이를 행복하게 해줘야 한다.

설령 가진 것이 하나도 없는 부모라도, 아이에게 행복을 주는 것은

아이 인생에 대한 예의고 의무다.

가난한 부부가 찾은 부모의 길

내가 살아가는 이유

아들 재혁이가 정보영재교육원에 추가 합격했다는 전화를 받았다. 일주일 전, 재혁이는 불합격 소식을 전해 듣고 땅으로 꺼질 것처럼 풀죽은 모습을 했다. 그런 아들을 보며 나 역시 낙심했던 차에 추가 합격 통보를 받으니 기쁨이 열 배가 됐다. 죽었다 깨어난 것처럼 기분이 좋았다.

지난 12년의 고생이 주마등처럼 눈앞을 스쳐갔다. 가난했지만 꿈을 잃지 않으려고 이를 악 물었다. 그날들을 지금 돌아보니 단 한순간도 행복하지 않은 때가 없었다. 아들과 함께한 모든 시간들이 내게는 소중했다. 참 행복한 시간들이었다. 아들은 때론 나를 아프게 했고 때론 즐겹게 만들었다. 내가 삶이 고될 때 힘이 되어줬고 희망의 불씨가 꺼지지 않도록 해줬다.

내게는 꿈이 없었지만 결혼한 이후 꿈이 생겼다. 그 꿈은 내가 불행한 순간을 마주하고 주저앉을 때마다 나를 일으켜 세웠다. 내가 희망을 찾지 못하고 절망할 때면 언제나 먼저 손을 내밀었다. 내게 꿈이 없었다면, 나는 살아갈 이유를 잃어버렸는지도 모른다.

지금보다 더 힘든 시간이 혹은 더 행복한 시간이 내일 또 찾아올 수도 있겠지만, 오늘만은 기쁨과 행복을 마음껏 누리며 지난날을 돌아보고 싶다.

아이는 가난한 부부에게 사치다

"오빠, 내가 평생 잘해줄 테니 함께 살자."

사귄 지 2년. 정말 괜찮은 여자였다. 우리는 첫 만남부터 서로에게 호감을 가졌고, 매일같이 만나 사랑을 키웠다. 하지만 나는 결혼만큼은 머뭇거리고 있었다. 나는 그녀의 말에 당황했다.

"왜 여자가 청혼하면 안 돼?"

"아니, 그건 아닌데…. 남자가 청혼을 해야 하잖아?"

내가 머쓱하게 말했다.

"오빠가 안 하니까 내가 하는 거잖아. 그럼, 오빠가 내게 청혼해."

며칠 후 우리는 다시 만났다. 나는 반지를 내밀며 그녀에게 말했다.

"내가 너를 힘들게 하거나 싫어질 때면 너는 언제든 떠나도 좋아. 하지만 내가 먼저 너를 떠나지는 않을 거야. 내 영혼을 걸고 약속해. 나와 결혼해줄래?"

그녀가 웃었다. 우리는 결혼을 약속한 연인이 됐다. 그러던 어느 날이었다.

"오빠, 나 임신했어."

아직 결혼 날짜를 정하지 않았을 때였다. 유치원 교사였던 그녀는 근무 조건이 좋은 유치원 면접을 앞두고 있었다. 나는 서산에 있는 삼성종합화학에 갓 입사한 상태였다. 결혼도 하기 전에 아이를 가져 사람들의 입방아에 오르는 것이 못내 부담스러웠다. 무엇보다 나를 짓누른 것은 내 형제들 때문에 생긴 좋지 않은 기억이었다.

나이 차가 많은 큰형은 내가 열한 살 때 결혼을 했다. 어머니는 당시 허리 수술 후 몇 개월째 누워 계셨다. 큰형은 군입대를 앞두고 있었다. 어머니를 생각하는 마음이 극진했던 큰형은 결혼을 서둘렀다. 형수는 곧 임신했고, 큰형은 입대했다. 형수는 혼자서 시부모를 모셨고 아이를 낳았다. 어렸던 나는 조카가 생긴 것이 마냥 신기했고 귀여웠다.

4년 후, 큰형은 제대했고 형수와 알콩달콩 살았다. 그러나 그건 잠시였다. 큰형이 시작한 사업은 실패를 거듭했고, 부부싸움이 잦아졌다. 세 살 된 아이를 두고 이혼하자는 말이 오갔고 별거에 들어갔다. 나는 큰형 부부의 싸움을 이해할 수 없었다. 두 사람이 이렇게 갈라설 거라면 왜 아이를 낳았을까 하는 생각이 들었다.

한참이 지나서야 큰형 부부는 서로 오해를 풀고 다시 합쳤다. 그리고 둘째 아이가 태어났다. 하지만 큰형의 사업은 또 다시 실패로 이어졌고 눈덩이처럼 빚이 불어났다. 큰형 부부는 결국 이혼을 결정했고 두 아이의 양육을 서로에게 떠밀었다. 할아버지와 할머니에게 맡겨진 아이들은 마음의 안정을 찾지 못했다.

연로하신 아버지는 큰아들 부부에 대한 믿음이 분노로 바뀌면서 손자들을 못마땅하게 여기셨다. 아이들은 할아버지와 몇 개월 살지 못하고 집을 나갔다. 부모의 따뜻한 사랑을 한창 받아야 할 시기였다. 불화로 가정이 깨지면 결국 상처받고 고통받는 것은 아이들이었다. 한참이 지나서 조카들의 소식을 들었다. 형수가 식당에서 일하면서 힘들게 아이들을 키우며 살고 있다고 했다.

둘째 형도 아이가 둘 있었지만 이혼했다. 화목하지 못한 가정에서 자라는 조카들을 보면 가슴이 아팠다. 나는 형들을 보면서 아이를 가지지 않으리라 결심했다. 형들처럼 나도 내 아이를 책임지지 못하고 불행하게 만들까봐 두려웠다. 그러나 그녀에게 말할 수 없었다. 아이가 싫고 출산과 양육 비용이 많이 들어간다는 현실적인 이유를 늘어놓았다. 이런 나를 그녀는 이해하지 못했지만 단호한 내 태도에 어찌하지 못했다.

"오빠, 정말 이 길밖에 없겠어?"

"미안하다. 우리가 선택할 수 있는 다른 방법은 없어."

죄책감이 들었지만 용기가 없었다. 첫 아이를 떠나보낸 마음의 상처를 안고 우리는 결혼했다. 나와 아내는 각자 다니던 직장을 버리고 아무 연고도 없는 대전에서 신혼살림을 시작했다. 대전은 아내가 살고 있는 서산과 내 고향 부산의 중간지점이었다.

아내는 곧 학습지 교사를 시작했지만, 나는 그렇지 못했다. 무료 생활정보지 구인광고란을 줄기차게 봤지만, 내가 다닐 만한 직장을 찾지 못했다. 경제적 문제로 파탄이 시작됐던 형들이 떠오르면서 불안해졌다. 내 인생이 나락으로 떨어질 것만 같았다.

"오빠, 나도 아이를 가지고 싶어. 우리 아이 하나 낳자. 오빠랑 나랑 반반씩 닮은 애가 태어난다고 생각해봐. 얼마나 신기하겠어?"

아내가 아이를 갖고 싶어 하는 마음을 잘 알고 있었다. 그러나 아이를 갖는 것은 불행의 시작이란 생각밖에 들지 않았다. 부부 중 한 명이라도 안정된 직장을 가지고 있다면 생각해볼 여지가 있겠지만, 아내 혼자 불안정하게 생활비를 벌고 있는 형편이었다.

"아이를 낳고 교육시키는 비용이 얼마나 드는 줄 아니? 우리가 아무리 열심히 벌어도 이 모양이잖아. 지금 우리 형편에 아이는 사치야. 더군다나 내가 아이를 너무 싫어해. 시끄럽고 말 안 듣고, 생각만 해도 끔찍해."

"오빠가 몰라서 그래. 아이가 자라는 모습을 보면 얼마나 행복한데."

"행복한 것도 있겠지만 나는 아이를 키울 엄두가 나지 않아."

"모르는 게 있으면 내가 알려줄게. 아니, 내가 모두 키울게. 약속해."

"싫어."

딱 잘라 안 된다고 했지만 아내는 아이를 낳고 싶다는 꿈을 포기하지 않았다. 틈만 나면 나를 설득했다.

"먹고 싶은 것 있으면 말해. 오늘은 내가 요리 솜씨를 발휘해줄게."

"아이 낳자는 얘기를 하지 않는다면 잡채가 먹고 싶어."

아내가 유일하게 잘하는 음식이 잡채였다. 다른 음식은 사랑이 없으면 먹기 힘들었다. 하지만 요리해준 아내에겐 이렇게 말했다.

"맛있다. 시장에 팔아도 되겠는걸. 우리 야식시장을 개척해볼까?"

아내가 나를 지긋이 봤다.

"내가 없으면 우리 신랑 외로울 텐데…."

"아이 갖자는 말은 더 이상 하지 말자."

어릴 적 암울했던 기억 속에서 헤어나오지 못하는 내게 아내는 매일같이 아이 타령이었다.

그래도 아이를 갖고 싶어

대전으로 이사하고 속절없이 1년이 지났다. 아내의 수입만으로 근근이 버텨가던 1999년 겨울 어느 날이었다. 그날도 생활정보지 구인란을 살펴보고 있었는데 한남대학교 평생교육원에서 실업자를 대상으로 컴퓨터 교육을 무료로 해준다는 광고를 발견했다. 이 프로그램을 이수하면 컴퓨터 방문교사가 될 수 있었다. 컴맹이었던 나는 여기서 3개월 동안 교육받으며 컴퓨터 기초부터 홈페이지 만드는 법까지 배웠다. 3개월간 밤낮을 가리지 않고 공부했다. 내 생애 이 시기만큼 공부를 열심히 한 적은 없었다. 공부한 보람이 있어 곧 '이찬진컴퓨터교실'에 방문교사로 취직했다. 백수 생활을 한 지 1년 6개월만이었다.

이제는 모든 일이 잘되리라는 희망과 기대로 첫 출근을 했다. 그러나 방문교사를 하는 데는 평생교육원에서 배운 것만으론 부족했다. 컴퓨터를 배우는 사람은 초등학생부터 대학생, 심지어 학교 선생님과 대학교 교수님까지 있었다. IT 열풍이었다. 그들에게 창피를 당하지 않으려고 마치 고시생처럼 컴퓨터 공부에 매진했다. 공부는 내게 먹고 살기 위한 투쟁이었다. 꼬박 한 달을 새벽 4시까지 컴퓨터 책과 씨름했다. 그리고 나서야 컴퓨터를 가르치는 데 자신감이 생겼고 회원을 모을 수 있었다.

취직을 한 후 우리는 결혼 2년여 만에 달콤한 시간을 보냈다. 그러나 곧 나는 아내로부터 청천벽력 같은 말을 들었다.

"오빠, 나 임신했어."

내 귀를 의심했다. 아이를 가지지 않으려 조심했는데 하늘이 캄캄했다. 나는 아직도 아빠가 될 준비가 안 됐다.

"미안, 오빠. 아기가 너무 갖고 싶어서 그랬어. 이 아이도 없앨 거야?"

아내가 나 모르게 임신을 계획했다. 이 일을 어쩌누!

아이를 키운다는 것은 꿈에도 생각지 않았다. 내 인생 계획에 아이가 들어올 자리는 없었다. 그러나 아이를 갖고 기뻐하는 아내에게 또다시 상처를 줄 순 없었다. 갈등과 고민 때문에 복잡한 마음으로 일을 나갔다.

"딩동 딩동."

아파트 안에서 인기척이 들렸다.

"컴퓨터 교사입니다."

현관 전실을 지나 긴 복도를 한참 걸어가니 거실이 나왔다. 집이 얼마나 넓은지 내가 살고 있는 아파트보다 10배는 족히 넘어 보였다. 나는 언제 이런 대궐 같은 집에서 살 수 있을까? 아마 이 세상에선 힘들겠지, 내 처지를 한탄하는 사이 아이들이 다가와 인사했다. 아이들의 표정이 밝았다. 1년 6개월째 내게 수업을 받고 있는 인애와 철범이는 초등학교 3학년과 2학년이었다. 아이들의 얼굴에는 늘 자신감과 행복감이 비쳤다. 참 이상했다. 이 아이들은 공부를 즐겼다. 나는 아이들이 어떻게 그럴 수 있는지 늘 궁금했다.

"철범이와 인애는 공부를 어떻게 생각해?"

"재미있는 거요."

"왜 재미있어?"

"엄마와 아빠가 함께해주시니까요."

"아빠도 함께 공부하시니?"

"네, 아빠는 8시에 퇴근하시는데 저녁 먹고 나서 항상 저희 숙제를 봐주세요."

"그래? 정말 자상하신 아빠구나. 참 좋겠다. 잠은 몇 시에 자?"

"10시나 11시에 자요."

동생 철범이가 끼어들어 말을 거들었다.

"선생님, 어떨 때는 12시나 새벽에 잘 때도 있어요."

"왜 그렇게 늦게 자?"

"엄마한테 바이올린을 배우다 보면 시간 가는 줄 모르거든요."

"엄마가 바이올린도 가르쳐주시니?"

"우리 엄마는 음대 교수님이에요."

동생 철범이가 또 끼어들었다.

"아빠는 의사예요."

엄마는 교수님, 아빠는 의사 선생님. 인애와 철범이가 누리고 있는 특별하고 행복한 가정환경이 부러웠다. 내가 자라온 환경과 너무나 달랐다. 우리 부모님은 모두 한글을 읽지도 쓰지도 못하셨다. 할아버지께서는 아버지가 서당 근처에도 못 가게 하셨다. 글을 배우기 시작하면 게을러진다는 이유였다. 몰래 서당을 다녀온 날이면 벌로 끼니를 굶으셔야 했다.

아버지는 공부에 한이 맺혔다. 글을 모르시기에 자식들과 함께 공부한다는 것은 꿈도 못 꿨다. 다만 당신이 못 배우신 한을 자식들이 풀어주길 바라며 교육에 더욱 열성이셨다. 그러나 난 공부하는 방법도 몰랐고 재미를 느낀 적도 없었다.

엄마, 아빠와 함께하기 때문에 공부가 즐겁다는 인애와 철범이, 이 아이들 때문에 행복을 느낄 부모. 이 가정은 미래 또한 행복할 것이다. 샘이 날 정도로 행복한 이 가정을 보면서 아이를 낳지 않겠다는 얼어붙은 마음이 녹기 시작했다. 가난하지만, 부모도 행복하고 아이도 행복한, 그리고 미래도 행복한 가정을 만들고 싶어졌다.

먼저 아이를 행복하게 못 키울 것 같다는 두려움을 떨쳐버리자. 내 두려움 때문에 지금 아내와 뱃속 아기가 불행하다. 더 이상 머뭇거리고 싶지 않았다. 나는 행복을 꿈꾸기로 마음을 바꿨다. 집으로 돌아와 아내에게 아이를 낳아 길러보자고 말했다. 어두웠던 아내의 얼굴에 화색이 돌았다.

"오빠, 고마워. 우리는 분명 아이로 인해 더 행복해질 거야. 두고 봐."

두려움을 이겨낼 희망을 찾아서

아이를 낳자고 결정한 후, 아내는 아이만을 위해 시간을 보내고 싶다며 일을 그만두겠다고 했다. 유아교육과 출신다운 선택이었다. 하지만 우리 형편을 생각하면 걱정이 앞서지 않을 수 없었다.

"우리가 아이에게 해줄 수 있는 건 함께 시간을 보내는 거야. 나는 지금부터 아기랑 시간을 보내고 싶어. 아기랑 해야 할 일이 많아."

뱃속 아기는 그저 엄마가 잘 먹고 좋은 생각하면서 10개월을 기다리면 태어나는 줄 알았다. 아내는 우리 아기가 행복해지기 위해선 지금부터 노력해야 한다고 말했다. 아빠인 나도 해야 할 일이 많다며 임신과 육아에 대한 책을 한 권 사 보라고 했다.

아빠가 되기 위해 육아에 대해 공부하기 시작했다. 잡지를 볼 때는 육아 코너를 찾아 읽었고 신문에 나오는 자녀교육법에 대한 기사를 스크랩하기 시작했다. 그러던 중 영재 푸름이에 대한 기사를 읽게 됐다. 그 기사를 읽으면서 나는 처음부터 끝까지 눈을 뗄 수가 없었다.

푸름이 아빠 최희수 씨는 아이를 학원에 보내지 않았다. 그는 대신 아이와 함께 놀이를 하면서 많은 시간을 보냈다. 그 결과 푸름이는 영재가 됐다. 많은 교육비를 들이지 않고도 아이를 똑똑하게 키울 방법이 있었다. 가난한 나에게 이보다 더 좋은 본보기는 없었다. 한 가지 마음에 걸렸던 것은 아빠의 학력이었다. 서울대학교와 대학원까지 나왔으니, 어쩌면 처음부터 푸름이가 영재로 태어난 것은 아닐까 의구심이 들었다. 그러나 교육방식만은 마음에 들었다. 푸름이 아빠에 대해 조금 더 알고 싶어 그가 쓴 책도 찾아 읽었다.

육아와 자녀교육에 대해 공부할수록 불안했던 마음이 사라져 갔다. 그리고 그 자리엔 자신감이 조금씩 자라기 시작했다.

엄마는 마음으로, 아빠는 머리로

태교는 취미부터

뱃속 아기를 위해 일을 그만둔 아내가 집에서 부쩍 컴퓨터를 자주 들여다봤다. 전자파가 아기의 건강에 영향을 미치지 않을까 걱정이 됐다.

"임산부가 왜 그렇게 컴퓨터를 보니?"

"책 좀 사려고. 몸이 이러니 마땅히 할 것도 없어서."

아내는 인터넷 헌책방에서 책을 고르고 있었다. 잘만 고르면 좋은 책을 구할 수 있다며 아내는 꽤나 열중했다. 몇 권이나 골랐냐고 물으니, 90권쯤이라고 했다. 그래야 배송비도 줄고 가격도 낮출 수 있단다. 헌책이라 그 정도 사도 값은 얼마되지 않았다.

며칠 후 주문한 책들이 왔다. 추리소설이 대부분이었다. 피식 웃음이 났다.

"당신, 이런 책을 좋아하는구나."

"아니, 그냥 한번 취미 붙여보려고."

아내는 출산하기 전까지 구입한 책을 다 읽겠다고 선언하고 곧 책 읽기에 돌입했다. 나는 아내가 그 선언을 지키는 것이 불가능하다고 생각했다. 그래도 그런 아내가 귀여웠다.

하다 보면 중독되는 자궁대화

"엄마가 사과 먹고 있는데 맛이 어때?"

아내가 뱃속 아기에게 말했다. 자궁대화는 아기와 엄마가 교감하기 위한 첫걸음이라고 했다. 자궁 속의 아기가 사과의 맛을 기억할 수 있을까. 나는 의문이었만 아내는 굳게 믿었다. 하루에도 10번 이상 뱃속 아기에게 말을 건넸다.

아내는 자궁대화가 아기의 두뇌 발달과 정서 안정에 도움을 준다고 했다. 아내는 내게도 자궁대화를 해보라고 권했다. 태아에게는 여자 목소리보다 남자 목소리가 저음이라 더 잘 전달된다고 했다. 그리고 태아에게 아빠의 목소리를 많이 들려주지 않으면 태어나서 아빠를 따르지 않을 수도 있다고 했다. 자궁대화를 하라는 협박 아닌 협박이었다. 뱃속에 있는 아기와 얘기하라니! 쑥스러웠지만 아내의 말을 따르기로 했다. 처음엔 어색했지만 하다 보니 중독됐고 재밌었다. 집에 돌아오면 제일 먼저 뱃속 아기에게 말을 걸었다.

"행복이는 지금 뭐해?"

"아빠! 엄마는 안 보여?"

뱃속 아기의 안부부터 묻는 내게 아내가 서운한 듯 말했다.

"으응, 그래. 여보 잘 지냈어?"

"오빠 내 안부보다 행복이 안부가 더 궁금하지?"

아내의 눈꼬리가 살짝 올라갔다. 말을 잘못 했다간 며칠 동안 따뜻한 밥 얻어먹기 힘들다.

"아니, 둘 다 소중해."

"내가 편해야 뱃속에 있는 아기도 잘 지내지 않을까?"

"그렇지. 깜박했어. 나의 첫사랑, 오늘 뭐하면서 지냈어?"

"배 마사지하면서 행복이랑 잘 놀았어."

아내의 눈꼬리와 얼굴빛이 제대로 돌아왔다. 이젠 행복이와 대화를 해도 될 것 같다.

"우리 행복인 엄마 뱃속에서 뭐하고 지냈어?"

아내는 뱃속 아기를 대신해서 아기의 마음을 내게 전달했다.

"엄마가 책도 읽어주고 맛있는 음식도 줬어요."

"그래? 좋았겠다. 어떤 책을 읽었어?"

"많이 읽어주셨는데《아기돼지 삼형제》가 제일 재밌었어요."

"그래? 돼지 삼형제가 어떻게 되었는데?"

"첫째 돼지가 짚으로 집을 지었어요. 그런데 늑대가 '후'하고 부니까 모두 부서졌어요."

"둘째 돼지 집은 괜찮아?"

"나무로 지었는데 그것도 늑대가 부쉈어요."

"셋째 돼지도 대충 지었지?"

"아니요. 벽돌로 지었어요. 아빠! 셋째 돼지 집은 어떻게 됐을까요?"

"늑대가 부셨니?"

"아니요. 벽돌은 튼튼해서 늑대가 부수질 못했어요."

"그래서 늑대가 포기하고 숲으로 돌아갔니?"

"아니요. 굴뚝으로 넘어오다 펄펄 끓는 물에 빠졌어요. 재밌죠?"

"정말 재밌네."

우리는 둘이 아니라 셋이 대화를 했다. 나와 아내 그리고 뱃속 아기. 아내는 아기가 좁은 자궁에서 10개월을 지내려면 많이 심심할거라고 했다. 심심한 건 아기만이 아니었다. 아내도 10개월 동안 아무것도 하지 못하고 감옥 아닌 감옥 생활을 했다. 무료한 시간을 달래려고 아내는 추리소설을 읽고, 뱃속 아기에게 이야기를 하는 게 아닐까. 그러나 아내는 이 모든 것이 '태교'라 했다.

아이를 위한 십자수

"여보, 토요일에 십자수 가게 좀 데려다줘."

아내는 임신 24주경부터 십자수를 시작해 매일
3~4시간 정도 했다. 임산부가 온 신경을 바늘 끝에
집중해야 하는 십자수를 놓으면 뱃속 아기의 집중
력을 기를 수 있고, 소근육인 손을 많이 써 두뇌 발
달에도 영향을 줄 수 있다. 또한 다양한 색실로 수
를 놓는 과정에서 아기의 색감과 디자인 감각도 발
달할 수 있다.

아내가 태교로 십자수를 하겠다고 한다. 가장 좋은 태교는 엄마의 마음이 편안한 것이라며 자기가 편안하려면 좋아하는 것, 곧 십자수를 해야 한단 말이었다. 지루하고 답답한 시간을 이겨내볼 요량이었는지 정말 태교를 위한 것인지 진의는 알 수 없었지만, 아내는 곧 십자수를 뜨기 시작했다.

첫 번째 작품은 시계였다. 계속 똑같은 방법으로 반복해서 수를 놓는 것이 별로 재밌게 보이지 않아 관심을 갖지 않았다. 그러나 두 번째 십자수를 시작할 즈음엔 놀라서 입을 다물 수가 없었다. 십자수를 모두 완성하는 데 몇 년은 걸릴 것 같은 크기로 밀레의 〈이삭 줍기〉를 뜨고 있었다. 아내는 이 대형 십자수를 한 달 만에 완성시켰다.

아내가 다르게 보였다. 아니 무서워졌다. 아내의 끈기와 괴력을 보니 부부싸움은 아무래도 나의 100전 100패가 될 것 같다. 아내는 출산일이 되기 전까지 대형 십자수를 3점 더 완성했다.

아내는 태아를 생각하며 수를 놓고 책을 읽었다. 물론 몸가짐도 조심했고 음식도 가렸다. 나는 딱히 해줄 것이 없었다. 여느 남편들처럼 아내가 먹고 싶다는 것, 하고 싶다는 것을 해줄 뿐이었다.

머리 아픈 수학을 다시 한 번

저녁을 먹고 뉴스를 보고 있던 나는 또 한 번 놀랐다. 아내가 책상 앞에 앉아서 뭔가에 집중하고 있었다. 궁금해서 가까이 다가가 봤다. 많이 보던 놈이었다. 학창시절 나를 괴롭히던 그놈, 수학이었다.

"여보, 갑자기 왜 수학 문제를 풀어? 다시 대학 가려고?"

"내가 좋아하는 일이야."

"이것도 태교니?"

아내는 수학 문제 풀이가 태아에게 영향을 주는지는 알지 못한다고 했다. 다만 자기에게는 필요하다고 했다. 학교 다닐 때 수학을 좋아했단다. 임산부가 좋아하는 일을 하거나 생각하는 게 태교의 기본이므로 마음을 편하게 하기 위해서 수학 문제를 푼다고 했다. 듣고 보니 일리가 있었다. 하지만 왠지 아내의 모습이 조금은 웃겼다. 아내가 웃음을 참고 있는 나를 슬쩍 보더니 말했다.

"오빠는 텔레비전이나 보세요."

혼신의 힘을 다해 수학 문제를 푸는 모습이 영락없는 고3이었다. 아내는 그렇게 책 90권과 십자수 5점, 수학 문제집 풀이로 10개월을 보냈다. 그리고 2001년 3월 14일, 화이트데이에 아기가 우리를 찾아왔다.

아직은 모든 것이 부족해도 나는 아빠다

분만실로 들어가는 아내를 보니 마음이 불안했다. 아내는 웃으며 나를 안심시켰다. 지금 아내와 손을 잡는 것이 마지막일 것만 같았다. 1초도 길게 느껴졌다. 병원 안을 계속 서성였다. 3시간 정도 지나자 아들이 태어났다는 불이 들어왔다. 그제서야 마음이 놓여 자리에 앉았다. 아내는 병실로, 아기는 신생아실로 옮겨졌다.

신생아실 유리창에 드리워진 커튼이 열렸다. 나는 눈으로 신생아실에 있는 아이들을 훑어봤다. 찾았다! 간호사가 일러주지 않아도 여러 신생아들 중에서 내 아이를 첫눈에 알아봤다. 신생아실에 있는 간호사에게 아기를 들어 보여달라고 부탁했다.

간호사가 아기를 들어 보여줬다. 너무 잘생겼다. 이처럼 잘생긴 아기는 본 적이 없었다. 면회시간은 30분, 너무 짧았다. 이제 아기는 산모가 젖을 먹이는 시간에만 볼 수 있었다.

"여보, 우리 아기 어때?"

"응, 아주 잘생겼어."

우리는 서로를 마주보고 흐뭇하게 웃었다. 웃는데 눈물이 났다. 아내가 웃어서, 아기가 건강하게 태어나서…, 나는 모든 것이 감동적이었다. 그때 휴대전화 벨이 울렸다. 서산에 있는 처남이었다.

"형님, 축하해요."

"그래, 고마워."

"참, 신문에 오늘 태어나는 아이는 천운을 가지고 태어난다는 기사가 났네요. 그리고 나라에 큰일을 할 인물로 자란대요."

축하해주기 위한 말이겠지만 처남의 얘기가 듣기 좋았다. 병실 유리창에 빗방울이 떨어지기 시작했다.

"형님, 아들 이름은 지었어요?"

아들이라…. 묘한 기분이 들었다. 내가 아빠가 됐다.

"재혁이야. 이재혁."

내가 '이재혁'이라는 아이의 아빠가 됐다. 이 순간을 무슨 말로 표현할 수 있을까? 아들을 내게 주신 이 세상 모든 신들에게 고마운 마음이 들었다. 그리고 부족한 나를 아빠로 만들어준 아내와 영원히 행복하길 바라는 기도를 했다.

시련이 닥칠 땐 아이의 웃는 얼굴을 보자

아들이 태어나자마자 살고 있는 아파트의 주인이 전세를 1천만 원이나 올려달라고 했다. 천정부지로 치솟는 전셋값을 내 능력으론 따라잡을 수 없었다. 방문 수업이 없는 오전에 이사할 집을 찾으러 다녔지만 마땅한 집이 없었다. 가진 돈에 맞추려다 보니 더 어려웠다. 집의 평수를 줄여야 했다. 아내와 아들에게 미안했다. 몸조리도 다하지 못한 아내와 태어난 지 삼칠일도 지나지 않은 재혁이를 데리고 이사를 했다.

우리는 15층 아파트 꼭대기 층에 새 둥지를 틀었다. 아파트가 산 중턱에 있어 대전 시내가 한눈에 내려다보였다. 아파트 후문에서 조금 걸어 올라가면 보문산 자락과 만나는데, 그곳에 한밭도서관이 있었다. 아내가 말했다.

"전망도 좋고, 주말에 아들과 도서관에서 놀면 딱 좋겠다."

17평 전세금 2,450만 원, 회원 1명 가르치고 받는 월 교육비 3만 원,

가르치고 있는 회원 39명, 월급 117만 원, 자동차 기름값 30만 원, 마이너스 통장 250만 원, 카드 돌려 막기, 다음달 초 카드 결제 대금 187만 원. 아들이 태어난 달, 우리 가족의 경제지표들이었다. 여기에 이사가 겹치면서 살림은 더욱 궁핍해졌다.

재혁이가 태어난 지 5개월이 됐을 때, 아내는 직장을 구하러나섰다. 나 혼자 버는 것만으로는 턱없이 부족했다. 모든 것이 내가 부족한 탓이었다. 아내가 일을 하려면 우선 아들을 맡아줄 곳이 필요했다. 친할머니는 부산에, 외할머니는 서산에 계셨기에 재혁이를 맡길 수 없었다. 양가 모두 손자를 키워주겠노라 하셨으나, 아이와 멀리 떨어지는 것이 마음에 걸렸다. 아내 역시 힘들어도 아이는 우리 품 안에서 키우자고 했다.

아내는 재혁이를 맡기기 전, 일자리를 알아봤다. 주부가 할 수 있는 일은 많지 않았다. 그래도 대형마트 계산원이나 백화점 점원 자리는 파트타임으로 언제든 들어갈 수 있었다.

우리는 재혁이를 돌봐줄 어린이집을 찾아나섰다. 아내와 함께 집 근처 어린이집에 들러 상담을 했다. 나는 재혁이를 안고 밖에서 기다렸다. 얼마 후 아내가 어린이집을 나왔다.

"여긴 안되겠어. 내가 상담을 하고 있는데도 교사들이 아이들에게 짜증을 내. 이런 곳에 맡겼다간 아이가 좋지 않은 영향을 받을 거야. 다른 곳으로 가보자."

집에서 조금 멀리 있는 다른 어린이집을 방문했다. 재혁이는 차에서 잠이 들었다. 상담을 하러 들어간 아내가 오래도록 나오지 않아 어린이집 문을 열고 들어갔다. 선생님의 안내로 원장실로 갔다. 아내의 말소리가 들렸다. 문을 열고 들어가려다 발걸음을 멈췄다.

"원장님, 원비는 제가 월급 받으면 드릴 테니 부탁드려요."

"어머님 사정도 알겠지만 원비는 선불이에요."

"취직할 곳도 알아봤고 아이만 맡기면 일을 시작할 수 있어요."

"저도 그러고 싶지만 어린이집 운영에 관한 사항이라 어쩔 수 없네요. 죄송합니다. 다른 어린이집을 찾아보세요."

내가 죄인처럼 느껴졌다. 아이 하나 양육할 수 없는 처지라니 한심하기 짝이 없었다. 아내와 아들에게 너무 미안했다. 아내와 마주치지 않으려고 재빨리 어린이집을 빠져나왔다. 잠시 후 아내가 나왔다.

"여보, 많이 기다렸지? 여기도 마찬가지네. 교사랑 원장이 마음에 안 들어. 우리 다른 어린이집을 찾아볼까?"

아내가 애써 웃음지었다. 나는 말없이 아내를 안아줬다.

"왜 그래?"

"집으로 가자."

"좀 더 알아보지 않고?"

"응."

아내와 아들을 빛바랜 차에 태우고 집으로 향했다. 아내는 재혁이를 안고 아무 말 없이 창밖을 내다봤다. 아내가 손등으로 눈물을 훔쳤다. 그리고 잠에서 깨어난 재혁이를 보고 말했다.

"여보, 재혁이가 잠에서 깼어요. 우리 아들, 생글생글 웃는 모습이 천사야."

눈시울이 뜨거워졌다. 내게 물었다.

'왜 그렇게 사니?'

우리는 어린이집 원비를 낼 수 없어 아이를 맡기지 못해 결국 맞벌이를 포기했다.

아이의 두뇌를 깨우는 부모가 되기 위해

지능은 유전이 아니다

나는 아들 재혁이의 모든 것이 예뻐 보였다. 백일 기념사진을 찍기 위해 사진관을 찾았다. 재혁이는 아직 목을 가누지 못했다. 1초도 견디지 못했다. 찍은 사진을 인화해서 아들에게 보여줬다.

"이 아기는 누굴까?"

재혁이가 약간 인상을 썼다. 그것마저도 귀엽다.

"재혁이야. 아빠가 사랑하는 아들 모습이야."

아들이 사진 속의 아기가 자기의 모습이라는 것을 알까? 나는 재혁이에게 끊임없이 이름을 불러줬다. 아이와의 인연은 그 이름을 1,000번 불러줬을 때 비로소 부모 자식 간의 연이 이어진다. 나는 재혁이가 스스로 자기 자신을 알고 나를 알아보게 하기 위해 이름을 불러줬다.

재혁이가 태어난 지 4개월 즈음에 뒤집기를 시도했다. 모든 아이들이 성장하면서 자연스럽게 하는 뒤집기에도 우리는 감탄했다.

"오빠, 우리 아들 뒤집기 하는 것 봐. 천재다."

우리 부부는 시도때도 없이 자식 자랑을 늘어놓는 팔불출이었다. 아이를 키우는 모든 부모들이 내 아이가 영재일까 한번쯤 기대를 품는다. 하지만 나는 지능에 대해서만은 팔불출이지 못했다. 평범한 지능지수를 가진 내게서 영재가 태어날 가능성은 희박하다고 생각했기 때문이다.

"난 귀가 얇아서 그렇게 말하면 진짜 그런 줄 안다니까."

내가 가볍게 한 말에 아내가 정색하며 말했다.

"오빠, 진짜 그렇게 될 수 있어. 내 얘기 좀 들어봐."

시큰둥한 내게 아내는 미국에서 한 실험 이야기를 들려줬다. 고아원에서 무작위로 선정한 50명의 아이들을 반으로 나눠 25명은 의사, 변호사 등 전문직 부모의 가정으로, 나머지 25명은 평범한 가정으로 입양시켰다. 10년 후 50명의 아이들을 다시 한자리에 불러 지능 등 여러 가지 테스트를 했다. 그 결과 전문직 부모에게 입양된 아이들이 평범한 가정에 입양된 아이보다 모든 면에서 앞섰고, 지능도 평균 30 정도 높게 나타났다. 아내는 이 실험의 결과가 평범하게 태어난 아이라도 좋은 환경을 마련해주면 얼마든지 뛰어난 아이로 자랄 수 있다는 것을 보여준다고 했다.

아이의 지능은 부모로부터 물려받는 것이라고 생각했다. 주변 사람들을 봐도 그랬다. 한의사 아버지를 둔 삼형제가 각각 의사, 변호사, 대학 교수가 됐다. 부모로부터 물려받은 유전자와 집안의 전통이 그들의 인생에 영향을 줬다고 생각했다.

아내의 이야기는 내게 아이의 지능 발달이 타고난 유전적 요인뿐만이 아니라 아이가 자라는 환경에 의해서도 영향을 받을 수 있다는 것을 일깨워줬다.

아빠가 아이와 놀아줄 때는

재혁이는 엄마보다 아빠인 나를 더 좋아하는 것 같다. 7개월 된 재혁이는 나를 보면 웃었다. 하지만 나는 여전히 무뚝뚝한 부산 사나이였다. 아들이 귀여웠지만 말을 건네고 이야기하는 때가 적었다. 아들이 뱃속에 있었을 때보다 말수가 줄었다.

"입에 곰팡이 피겠다. 사람이 말을 해야지. 아들한테 이렇게 하면 큰일 나."

아내는 불만을 토로했다. 아들과 대화를 하지 않으면, 아들과 애착관계는 물론 신뢰도 쌓지 못한다고 했다. 게다가 아이의 지능을 떨어뜨릴 수도 있단다. 대화가 뇌세포를 강화하거나 새롭게 생겨나게 만들 수 있기 때문이었다. 그러나 나는 아이에게 어떤 말을 어떻게 해줘야 할지 전혀 알지 못했다.

"말을 할 때는 아들 얼굴을 보고 해. 그리고 무조건 자기 말만 하지 말고 아이의 말을 들어주려고 하는 것이 중요해. 옹알이도 말이야. 할 말이 정 없으면 책을 읽어주거나 노래를 불러줘."

아내는 재혁이가 스스로 앉기 시작할 무렵부터 하루 10권 정도의 책을 읽어주고 있었다. 재혁이는 엄마가 책을 읽어주는 것을 무척 좋아했다. 그냥 말하는 것보다 책을 읽어주는 것이 더 쉬워 보였다. 아내는 쉬운 길을 택하려는 내 마음을 어떻게 알았는지 책 읽어주는 방법까지 설명했다. 나는 꼼짝없이 아내의 육아 강의를 듣는 학생이 됐다.

"국어책 읽듯이 읽지 말고, 집에 있는 인형이나 장난감을 이용해서 복화술을 해서 재밌게 읽어줘. 인형극을 하는 것처럼 말이야. 또 책 속에 동물들이 나오면 동물 소리랑 동작도 흉내 내서 읽어줘."

남자 체면에 인형극에 동물 흉내를 내는 쇼를 하라니! 가만히 더 듣다가는 아내에게 동물 흉내를 내는 훈련까지 받게 될 것 같았다.

"복화술이나 동물 흉내는 연습을 해야 할 것 같고, 먼저 노래부터 해 볼게. 노래는 내가 좋아하는 걸로 그냥 불러주면 돼?"

"아이 키우는 데 연습이 어딨어? 처음부터 잘하는 사람 없어. 지금부터 바로 해. 자기 연습 다할 때까지 아들은 안 기다려. 이것 봐. 벌써 이만큼 컸잖아. 정 쑥스러우면 일단 노래부터 불러줘. 노래는 아들을 안고 부르는 게 좋아."

아내의 강의가 끝났다. 학교 다닐 때도 회사에서도 발표하는 것을 유독 싫어했다. 지금까지 32년간 침묵을 미덕으로 여기며 지금껏 살아온 나였다. 이제 바꿔야 할 때가 왔다. 그래, 바꾸자. 아들을 위해서 곰살맞은 수다쟁이 아빠로 변신해보자.

먼저 아들을 안고 노래를 부르는 것부터 시작했다. 트림을 시키기 위해, 울음을 그치게 하기 위해 노래를 불렀다. 그냥 내가 기분이 좋을 때도 노래를 불렀다. 얼마 지나지 않아 나는 틈만 나면 아들을 안고 노래하는 아빠가 됐다. 나 스스로도 놀라운 변화였다.

집 안의 모든 것이 장난감

옹알이를 하고 제법 기어다닐 수 있게 된 재혁이는 엄마를 졸졸 따라다녔다. 화장실에 가면 화장실로 기어갔고 설거지를 하면 다리에 매달려 설거지를 방해했다. 재혁이는 엄마를 '설거지'란 놈에게 빼앗겼다고 생각하는지 울고불고 난리였다.

아내가 설거지를 할 때면 재혁이의 관심을 돌릴 수 있는 장난감을 쥐어줬다. 이것저것으로 몇 번은 잘 넘겼지만 이내 식상해했다. 그래서 소리가 많이 나는 그릇과 냄비를 줬다. 재혁이는 주걱으로 그릇과 냄비를 두드리며 연주를 시작했다.

"딸그락 딸그락. 땅땅땅땅. 띵띵뚱땅."

주걱을 휙 집어던졌다. 벌써 재미가 없어졌나 보다. 이번에는 국자를 손에 쥐어줬다. 5분이 지나자 국자도 휙 집어던졌다. 싱크대 안을 열어 보니 양은냄비 뚜껑이 보였다. 손에 쥐어주니 가만히 보기만 했다. 길쭉한 주걱이나 국자와 모양새가 달라 낯설었나 보다. 내가 시범을 보여 줬다. 소리가 크게 들리니 재혁이가 깜짝 놀랐다. 냄비 뚜껑이 내는 소리가 재밌는지 이번에는 좀 더 오랫동안 연주를 했다.

재혁이가 양은냄비 뚜껑을 부딪혀 내는 쨍쨍 소리, 아들의 연주를 응원하는 내 고조된 목소리, 아내가 설거지하는 물소리와 달그락 소리로 온 집 안이 가득 찼다. 아내는 늘 이 소란 속에서 설거지를 했다.

아이를 행복하게 하는 놀이

오후에 방문 수업을 하러 나가기 전까지 나는 아내와 함께 아들을 지켜보며 시간을 보냈다. 재혁이가 하는 모든 행동들이 기특했다. 재혁이를 안아 올렸다. 재혁이가 제일 좋아하는 '인간 비행기 놀이'를 시켜줄 참이다.

"어디로 날아갈까? 일본으로 가보자. 횡. 비행기가 날아갑니다. 횡. 일본에 도착했습니다. 아들은 잠시 내려주시기 바랍니다. 10분 후에 출발하오니 움직이면 안 됩니다. 아들, 다시 비행기가 이륙합니다. 안전벨트를 착용해주시기 바랍니다. 이 비행기는 태평양을 건너 미국 워싱턴에 도착할 예정입니다. 횡."

내가 태워주는 비행기를 타고 재혁이가 까르르 웃었다. 그 모습을 본 아내도 따라 웃었다.

나와 아내는, 우리 가족의 행복을 위해 아들과 많은 시간을 함께하기로 했다. 부모가 아이와 함께할 수 있는 시간은 그리 길지 않다. 품 안의 자식이라는 말이 있다. 언제 커서 학교 가나 걱정하지만 시간은 순식간에 흐른다. 머리가 큰 자식들은 자신의 보금자리를 만들어 부모 곁을 떠난다. 부모로서 온전히 아이와 함께할 수 있는 시간은 이때뿐이다. 우리는 이 시간을 정말로 행복하게 만들고 싶었다.

"엄마, 화장실 다녀올게."

아들이 비행기에서 내려 엄마를 따라 기어간다. 아내는 재혁이를 화장실에 두고 볼일을 봤다. 그리고 물을 내렸다. 요란한 물소리가 나자 재혁이가 신기한 듯 변기 물탱크를 만졌다.

"변기 물탱크 열어서 보여줄까?"

아내가 변기 물탱크의 뚜껑을 열고 재혁이를 안았다. 그리고 손잡이를 다시 내렸다. 물탱크 속 물이 아래로 내려가면서 변기 안에 물이 없어졌다 다시 채워졌다. 재혁이가 호기심 가득한 눈으로 손잡이에 손을 뻗었다.

"아들이 해볼 거야?"

아내는 아들과 함께 변기 물을 12번 내려 보곤 욕실을 나왔다. 나는 그 모습을 보면서 아내의 인내심에 감탄했다.

　행복은 그냥 찾아오지 않는다. 우리는 아직 말을 잘하지 못하는 아들과 함께하기 위해 여러 가지 놀이 방법을 찾으려 애썼다. 운전할 때 라디오를 듣다가 놀이 방법이 소개되면 차를 멈추고 메모했고, 여성 잡지나 신문에 소개되는 놀이들도 틈틈이 모아 스크랩했다. 우리가 노력한 만큼, 아들과 놀이하는 시간은 행복했다.

부모의 마음을 느끼는 아이의 감정

누가 뭐래도 내 아이를 위해서라면

일요일 아침 나갔던 아내가 헌 책들과 유아용 그림놀이 교구들을 가득 안고 집으로 돌아왔다. 책인 줄 뻔히 알면서도 무엇이냐고 물었다.

"재활용 쓰레기 분리하러 갔다가 재혁이가 좋아할 것 같아서 가져왔어. 이것 봐, 모두 새것이나 다름없어."

자존심이 상했다. 세상에서 가장 소중한 아들에게 누가 버린 책들을 읽게 한다니. 아내에게 화를 냈다. 그러자 아내가 되받아친다.

"우리 형편에 이렇게라도 해야지. 당신 책값이 얼마나 비싼 줄 알아? 재혁이가 책을 얼마나 좋아하는데, 제대로 돈이나 벌면서 말해."

할 말이 없었다. 아내는 주워온 그림책을 벽과 바닥에 붙이기 시작했다. 아내가 내게 큰 포스터를 줬다.

"아파트 앞에서 학습지 선생님들한테 얻은 것들이야. 이것도 바닥에 붙여."

아내와 함께 바닥에 그림책을 붙였다. 내가 컴퓨터 방문교사를 하며 번 돈으로는 생활비를 대기에도 빠듯했다. 아내에게 면목이 없었다. 나도 이렇게 살 줄 알았겠는가. 형편은 시간이 지나도 나아지지 않았다. 마이너스 통장에서 돈을 더 이상 인출할 수 없는 날, 아내가 조심스럽게 말을 꺼냈다.

"여보, 나중에 우리가 먹고살 만하면 예쁜 반지로 새로 맞추자."

아내의 손에 끼워져 있던 반지가 두 달 전부터 보이지 않았다. 목걸이도 없었다. 설마 했지만 그게 우리의 현실이었다. 아내는 결혼하면서 가져온 패물들을 하나씩 팔아서 생활비로 보태고 있었다. 아내의 것은 모두 팔았고, 남은 것은 내가 끼고 있는 결혼반지뿐이었다. 나는 이것만은 안 된다고 했다.

"내가 새벽에 우유 배달을 해서라도 더 벌게."

아내의 눈에 눈물이 고였다. 소설 속에서나 있는 일들이 지금 우리에게 일어나고 있었다. 이건 현실이 아닌 꿈이라고 생각하고 싶었다. 내일 아침에 눈을 뜨면 모든 것이 제자리로 돌아갈 꿈. 하지만 현실이었다.

가족이라는 힘으로 버티기엔 현실의 가난이 너무 가혹했다. 하루하루 끼니를 걱정할 만큼이었다. 우리 가족의 삶은 어두운 터널에 이제 막 들어선 것 같았다. 이 터널의 길이가 얼마나 길지 언제 빠져나갈 수 있을지 분간이 가질 않았다.

가난한 엄마가 선택한 당찬 육아

천사 같던 아내도 생활이 계속 어려워지자 짜증을 내기 시작했다. 신혼 초 1년 6개월간 백수 생활을 할 때도 내게 늘 웃어주던 아내였다. 아내를 위로했지만 사실 나는 위로할 처지가 못됐다. 나도 누군가에게 위로를 받고 싶었다.

전세 가격이 올라 또 이사를 해야 했다. 돈을 많이 벌어서 전셋값이 오를 때마다 척척 내고 싶지만 단돈 10원도 저축할 수 없는 처지라 걱정이 이만저만이 아니었다.

"여보, 다녀올게."

아내가 답을 하지 않았다.

"여보, 나 회사 가! 아들이랑 재밌게 놀아!"

아내는 끝내 대답을 하지 않았다. 아마 밤새 나한테 시집온 것을 후회했을 게다. 사무실에 가서도 일이 손에 잡히지 않았다. 퇴근하면서 아들 분유를 샀다. 분유 값은 왜 이리 비싼 걸까. 도대체 정치하는 사람들은 뭘 하고 있기에 서민들이 이렇게 고통을 받아야 하는 것인지 불만도 생겼다. 집으로 돌아가는 발걸음이 무거웠다.

"여보, 나 왔어."

아내의 기분이 풀렸을 거라고 기대하지 않았다. 그런데 아내의 목소리가 뜻밖에 낭랑했다.

"아들! 아빠 왔네."

아들과 함께 내게 밝게 인사를 했다. 아내의 눈치를 살피며 조심스레 물었다.

"기분이 좀 풀렸어? 밥은?"

"아들이랑 먹었어. 내가 곰곰이 생각해봤는데 어린이집을 차리면 어떨까?"

"어린이집을 차리다니?"

"내가 어린이집을 차리면 돈도 벌고, 아들도 함께 돌볼 수 있잖아."

"무슨 돈으로 어린이집을 차려?"

"방법은 내가 알아볼게!"

"돈도 없을뿐더러 그것도 사업이야. 여자가 무슨 사업을 해. 애나 잘 키워. 나는 반대야."

가장의 자리를 내놓은 지 이미 오래였다. 그렇지만 이럴 때 가장임을 내세웠다. 아내는 내 말을 들은 척 만 척 다음날부터 분양 정보를 꼼꼼히 챙겼다. 우리가 가진 전셋돈으로 분양을 받을 수 있는지 다방면으로 알아봤다. 우리가 가진 돈의 전부는 전셋돈으로 걸려 있는 2,450만 원이었다. 아내의 계획은 어림도 없는 것이었다.

"자기야, 재혁이 머리가 너무 길어서 미용실에 가야 될 것 같아."

10개월 된 재혁이를 데리고 처음으로 미용실에 갔다. 미용사가 뻘쭘하게 서 있는 내게 말했다.

"아빠가 아기 팔과 몸을 움직이지 못하게 잘 잡고 안아요."

미용사가 시키는 대로 재혁이를 안았다. 미용사가 머리를 깎으려 바리깡을 들자 재혁이가 큰소리로 울며 발버둥을 치기 시작했다. 나는 당황해서 재혁이와 함께 덩달아 몸부림을 했지만, 미용사는 많이 겪는 일인 듯 끄떡없었다.

"다 됐어요. 조금만 참으세요."

머리를 깎는 데 5분도 채 걸리지 않았다. 그동안 아들은 얼굴이 벌게졌고 코에서 빨간 피가 흘러내렸다. 미용실 가운에 핏방울이 떨어졌다. 나와 아내는 깜짝 놀랐다. 머리 깎는 것이 아이에게 이렇게 힘든 일인 줄 몰랐다. 코피까지 쏟을 정도로 스트레스가 심했나 보다. 집으로 돌아오는 길에 아내는 아들에게 연신 미안하다고 했다.

"자기야, 미용가위를 구입해서 내가 깎을까?"

"당신이 깎을 수 있겠어?"

"처음은 힘들겠지만 해보고 싶어."

아파트 출입문을 열 때, 나는 아들과 함께 번호를 눌렀다.

"자, 집으로 들어가려면 이 숫자들을 눌러야 해. 8245279."

하루에도 몇 번씩 출입문을 들락날락했는데, 그때마다 재혁이에게

아이가 생후 10개월 됐을 때부터 무릎에 앉혀놓고 컴퓨터를 했다. 당시 나는 해야 할 공부와 일이 많았음에도 일을 한다는 핑계로 아이 돌보기를 미루지 않았다. 이 시간들은 결국 내게는 아이와 교감하는 시간이 됐고, 아이에게는 아빠가 하는 컴퓨터를 아무 부담 없이 보고 배우는 시간이 됐다.

똑같은 숫자를 반복해서 말해주며 입력했다. 재혁이와 이야기하는 것은 이제 내게 완전히 몸에 배인 습관이 됐다.

아내는 들어오자마자 컴퓨터를 켜고 인터넷으로 컷트 가위와 틴닝 가위를 구입했다. 재혁이는 미용실에서 진을 뺐는지 일찍 잠이 들었다. 잠든 재혁이를 지켜보다 재혁이 머리에서 신기한 것을 발견했다. 머리에 숨구멍이 있었다. 재혁이가 숨을 내쉴 때마다 그 숨구멍도 열렸다 닫히면서 머리카락이 이리저리 움직였다. 아들의 머리를 가만히 만져봤다. 고생은 했지만 머리를 깎아놓으니 더 귀여웠다.

아내는 며칠이 지나지 않아 염색약이며 파마 재료까지 모두 구입했다. 집으로 물건이 도착한 날, 아내는 가위가 온 기념으로 내 머리를 잘라주겠다고 했다. 아내에게 내 머리를 맡기는 게 영 불안했다.

"싫어. 이상하게 깎으면 어떡해. 재혁이나 깎아."

애꿎은 재혁이가 희생양이 됐다. 내가 재혁이를 안고 아내가 가위로 앞머리를 살짝 잘라줬다. 재혁이는 지난번처럼 울지 않았다. 아이는 생후 10개월 정도가 되면 양육자의 마음을 90% 알게 된다고 한다. 재혁이는 우리의 마음을 알기 때문에 울지 않은 것일까? 엄마가 가위 든 모습이 신기했는지 재혁이는 엄마만 가만히 바라보고 있었다.

부모의 마음을 아는 아이

"여보, 컴퓨터만 잡고 있지 말고 애 좀 봐."

"나 내일 수업 때문에 컴퓨터 실습하고 있는데."

아내는 목욕하는 동안 나더러 아들을 안고 있으라고 했다. 10개월 된 재혁이를 무릎에 앉혀놓고 다시 컴퓨터 공부를 했다. 아들은 아빠가 하는 컴퓨터를 물끄러미 바라봤다. 나는 아들에게 마치 캐스터처럼 모니터에서 마우스 포인터가 가는 길을 생중계해줬다.

"시작 단추를 눌러서 프로그램으로 가서 '한글'을 선택하자. 한글이 나타나지? 파일 불러오기를 누르면, 어제 아빠가 만든 게 나오네."

모니터에서 마우스가 움직이고 설명을 곁들이니 아들의 눈동자가 그것을 따라 움직이고 관심을 보였다. 재혁이는 아빠의 마음을 알까. 깊은 어둠 속으로 침잠하는 마음을 다잡았다. 재혁이가 지금 내게 안겨 있다. 아들을 꼭 안아봤다. 그리고 컴퓨터 공부에 집중했다. 컴퓨터는 계속해서 새로운 과목들이 출시됐고 나는 그 과목들을 공부할 때마다 재혁이와 함께했다.

컴퓨터 실습이 거의 마무리돼 가면서 나도 모르게 입으로 노래를 중얼거렸다. 노래가 없다면 삶이 얼마나 팍팍할까? 노래는 즐거울 때 흥을 돋궈주고, 슬픈 땐 위로가 된다. 노랫말에 담긴 의미를 되새기고 선율에 젖으면 어느새 마음이 안정됐다.

"엄마가 섬 그늘에 굴 따러 가면, 아기는 혼자 남아 집을 봅니다.
파도가 들려주는 자장노래에 팔 베고 스르르르 잠이 듭니다."
"으앙."
갑자기 재혁이가 울음을 터트렸다. 재혁이는 내가 슬픈 노래를 들려주면, 어떻게 그걸 아는지 눈물을 글썽이거나 울음을 터트렸다.

"알았어. 다른 노래 불러줄게."

재혁이를 안고 다시 다른 노래를 불렀다. 재혁이는 내 노래를 들으며 가만히 안겨 있었다.

아이에게 책은
갖고 노는 장난감이다

우여곡절 끝에 장만한 첫 아파트

아내가 두 달 동안 분양 사무실을 전전하고 있을 때 뜻밖의 소식을 들었다. 대전 변방 중에 변방, 관저동에 미분양된 싼 아파트가 있다는 것이었다. 우린 분양 아파트 모델하우스를 찾아갔다. 미분양이라 동과 호수를 선택할 수 있었다. 우리가 살고 있는 아파트에 비하면 궁전이었다.

'느리울'이라는 아파트 이름도 마음에 들었고, 근처에 어린이도서관이 있는 것도 우리 부부 마음에 꼭 들었다. 30평에 분양가는 9,750만 원이었다. 분양가의 30%만 내고 나머지는 융자를 해줬다. 30%라고 해도 3,000만 원이 필요했다.

전셋돈을 빼도 550만 원이 부족했다. 하지만 실제로 부족한 금액은 더 많았다. 550만 원에다 취득세, 등록세, 이사 비용, 어린이집 인테리어에 놀이교구 비용까지, 우리가 가진 돈으로는 턱없이 부족했다. 설령, 돈을 융통해서 어린이집을 개원한다 해도 그다음이 문제였다. 원아 모집은 어떻게 하며 이자를 어떻게 감당할지 앞이 깜깜했다.

"여보, 우리가 가진 돈으로는 아파트를 분양받아 어린이집을 차릴 수 없어. 그만 포기하자."

아내가 나더러 돈을 융통해보라고 말했다.

"자존심이 있지. 돈을 빌려서까지 하긴 싫어. 아직도 나를 몰라?"

"그래! 너무나 잘 안다."

그 대화를 끝으로 아내는 내게 말을 하지 않았다. 차라리 말을 하지 않는 것이 나을 수도 있었다. 그렇게 일주일이 흘렀다. 퇴근한 나를 아내가 반갑게 맞이하는 것이 무슨 꿍꿍이가 있는 듯했다.

"여보, 내가 구청에 알아봤는데 1층을 분양받아 어린이집으로 인가를 받으면 취·등록세가 면제래."

"그래도 돈이 부족하잖아?"

"그건 당신이 융통해봐, 알았지? 사랑해."

일주일 만에 밝아진 아내를 보니 무거웠던 마음이 한결 가벼워졌다. 염치 불구하고 친구들에게 전화를 걸었다. 한 친구에게 큰돈을 빌리면 부담될까봐 친구 세 명에게 300만 원씩 나눠 빌렸다. 친구들이 고맙게도 두말없이 돈을 빌려줬다. 우여곡절 끝에 우리는 생애 첫 아파트를 분양받았다.

분양받은 아파트가 완공되기까지는 8개월이 더 남아 있었다. 우리에게도 아파트가 생긴다는 꿈에 부풀어 일주일에 한 번씩 공사 현장을 찾아갔다. 아파트가 조금씩 건설되는 모습을 보면서 설레임과 뿌듯함을 안고 집으로 돌아왔다.

아이의 자존감을 높이는 칭찬의 힘

17개월 된 재혁이는 이제 말을 제법 했다. 혼자서 걷기도 잘하고, 보이는 모든 것들에 호기심을 가졌고 재미를 느꼈다. 재혁이와 외출하고 돌아와 아파트 공동현관문을 열 때였다. 내가 번호를 입력하려고 손을 대는 순간, 재혁이가 번호를 입력하겠다고 나섰다.

"내가, 내가."

"그래? 아빠가 말할게. 94837983."

재혁이는 내가 불러주는 숫자를 들으며 천천히 번호 키를 눌렀다. '3'을 잘못 눌렀지만 가만히 내버려뒀다. '삐' 소리가 났다.

"아빠. 안 열려, 문이."

"3을 잘못 눌렀네. 다시 누르자."

"내가 다시, 다시."

아들이 다시 숫자를 누른다. 이번엔 제대로다.

"열렸다."

——— 3년의 비결 12 ———

집을 드나들 때 아이를 안고 숫자를 불러주며 번호키를 누른 것이 숫자를 익히는 데 도움이 됐다. 아이의 학습은 일상생활 속 대화와 행동을 통해서도 이뤄진다.

재혁이는 마치 큰일을 해낸 듯한 표정을 지었다. 나도 그랬다. 겨우 아파트 출입구에 설치된 자동문을 연 것뿐인데도 아들이 자랑스럽게 여겨졌다.

아파트의 자동문 숫자 키를 눌러 여는 것은 재혁이에게 놀이였다. 숫자를 하나씩 하나씩 꾹 누르는 것을 재밌어했다. 그리고 문이 열리면 마치 어려운 퀴즈를 맞힌 듯 자랑스러워했다.

숫자를 읽을 수 있게 되면서 재혁이는 아파트 주차장에 세워진 자동차들의 번호판 숫자도 읽었다. 처음에는 자동차 번호판만 읽었는데 나중에는 차종과 자동차 회사를 알아맞히는 데도 흥미를 가졌다.

"이 차는 기아자동차 봉고, 이 차는 쌍용자동차 승용차."

"와, 우리 아들 자동차 박사네."

내가 칭찬을 해주면 재혁이는 더욱 신이 났다. 주차장을 다 둘러볼 기세로 내 손을 잡아끌었다. 또 산책을 나갈 때면, 주변 모든 것들에 질문을 쏟아내기도 했다.

"아빠, 저건 므야?"

"이즈 문구."

"저건?"

"꿈 노래방."

"노래방이 므야?"

신나게 노래를 부르는 곳이라고 대답해주니, 가보고 싶다고 한다. 나는 재혁이에게 엄마와 함께 저녁 때 노래방에 가자고 약속했다. 재혁이는 주변 모든 것들을 호기심 가득한 눈으로 바라봤다. 궁금한 것을 물어보고 답을 들으면, 또 질문이 이어졌다. 아들은 이렇게 하나씩 궁금한 것을 해결해가는 것을 즐거워했다.

하루 3시간이면 200권을 읽는다

2002년 10월, 분양받은 아파트가 완공되고 입주가 시작됐다. 아내는 구청에 인가 신청을 하고 어린이집을 열었다. 이름은 '고우리 어린이집'으로 정했다.

우리가 어린이집을 개원할 당시에는 국가에서 보육료 지원을 해주지 않았다. 아이들을 최대한 빨리 모집해야 했다. 아내는 유아교육을 전공하고 유치원에서 몇 년간 근무한 경력이 있어 학부모 상담에 자신이 있었다. 아내의 상담 실력 때문인지 개원한 지 얼마되지 않아 어린이집에는 아이들이 가득 찼다.

컴퓨터 방문 수업은 보통 오후 4시부터 시작됐기 때문에 그 전까지는 내가 재혁이를 전담해서 돌봤다. 또 아내가 하는 어린이집 일을 돕기도 했다. 재혁이는 엄마와 24시간 함께 있으니 정서적으로 충분히 안정이 됐다. 재혁이는 엄마가 일하는 모습을 옆에서 내내 지켜봤다. 그 자체가 아들에게는 큰 행운이었다.

아내는 악발이었다. 새벽까지 수업 자료를 만들고 틈틈이 재혁이에게 책을 읽어줬다. 그 덕에 20개월도 되지 않은 아들은 하루 100~200여 권의 책을 접했다. 영유아를 위한 책은 이야기가 짧다. 한 권을 읽어주는 데 길어야 1분~2분이다. 200권을 읽는 데 짧게는 200분밖에 걸리지 않는 것이다. 24시간 중에 틈틈이 짬을 내 책을 읽어주면 하루 3시간, 200권을 읽을 수 있다.

우리는 돈이 생길 때마다 책을 샀고 어린이집에는 1,000권 가량 책이 쌓이게 됐다. 어린이집 아이들은 책을 장난감처럼 물고 뜯고 맛보고 즐기며 놀았다. 한 달에 20~30권이 찢겨져 재활용 쓰레기로 나갔다. 그러면 우리는 새로운 책을 또 들여놓았다. 다른 것은 몰라도 책값만은 아깝게 생각하지 않았다. 우리는 아이들이 책을 놀잇감으로, 장난감으로 생각하도록 해주고 싶었다.

책 읽어주기와 글자 쓰기

재혁이는 자동차 번호판을 읽고나서부터 점점 글자를 읽고 쓰는 데 흥미를 가졌다. 나는 재혁이와 함께 TV나 신문을 볼 때면 큰 글씨로 나오는 광고 문구를 읽어줬다.

"열심히 일한 당신 떠나라."

"정보통신 네트워크로 세상은 하나가 됩니다."

"KT가 보입니까?"

저녁을 먹으며 〈개그콘서트〉를 함께 보고 있던 재혁이가 안방을 나갔다.

“아들, 왜 왔다 갔다 해요?”

“글자!”

“글자 본다고? TV에 나오는 거 말이야? 아빠랑 앉아서 봐야지.”

〈개그콘서트〉가 끝나고 아들을 찾으러 거실로 나갔다. 재혁이는 다시 안방으로 뛰어들어 갔다. 아들이 앉아 있던 자리에 스케치북이 놓여 있었다. 살펴보니 뭔가 삐뚤빼뚤하게 써 있었다.

“K, T, 가, 보, 입, 니, 까.”

자세히 보지 않으면 알아볼 수 없는 글자였다. 20여 개월밖에 되지 않은 아들이 설마 글자를 적었다고 생각하지 못했다. 그러나 아내의 글씨는 결코 아니었다.

“여보, 이것 봐!”

아내에게 재혁이의 스케치북을 보여줬다. 아내가 깜짝 놀라며 아들이 쓴 거냐고 되물었다. 우리는 재혁이를 불렀다.

“이거 누가 쓴 거야?”

“내가.”

재혁이가 무심하게 대답했다. 문득 얼마 전부터 재혁이가 스케치북이나 종이 위에 뭔가 끄적거리고 있었던 게 기억났다. 우리는 재혁이가 그냥 낙서나 그림을 그리고 있다고 생각했었다.

“그래? 여보, 아들이 쓴 거 맞네. 이 나

이에 글자를 써?"

"잘 모르겠어."

"유치원 교사 경력이 몇 년인데 그것도 모르니?"

"유치원은 글자 위주로 가르치지 않아요. 그리고 여섯 살 아이들도 대부분 글자를 깨쳐서 와. 그러니 몇 개월에 글자를 깨치는지 내가 어떻게 알아?"

"하긴, 알았어. 이 정도 나이면 글자를 깨칠 수도 있는 나이지. 그렇게 많은 책을 재밌게 읽어줬는데 글자를 못 쓰면 섭섭하지."

우린 그게 평범한 아이들의 정상적인 발달사항인 줄 알았다. 재혁이는 자기가 쓴 글자를 보고 우리가 놀란 것을 아는지 모르는지 우리에게 놀아달라고 했다.

재혁이가 좋아하는 놀이는 '투명인간 놀이'다. 인간 비행기 놀이 다음으로 좋아하는 놀이다. 재혁이를 옆에 두고 마치 보이지 않는다는 듯 찾는 놀이다. 그러면 재혁이는 정말 자기 모습이 보이지 않아 엄마와 아빠가 못 찾는 줄 알고 재밌어한다.

"아들이 어디 갔지? 여보, 아들 못 봤어?"

재혁이는 내 옆에 있다가 등 뒤로 숨었다. 그리고 등을 타고 목으로 올라왔다.

"아무리 찾아도 없네."

재혁이가 내 목을 끌어안고 웃기만 한다.

"아들하고 뽀뽀하고 싶은데 아들이 없네. 아들이 없으니까 여보랑 뽀뽀해야겠다.”

샘이 많은 아들이 얼른 내려와 뽀뽀를 한다.

“나 여기 있어.”

지금 이 순간이 행복하다. 이 행복을 가지기 위해 나는 오늘을 견디며 산다.

인내심으로 시작하는
평생 가는 습관 만들기

만 3살 되기 전에 도서관 가는 방법

20개월 된 재혁이는 이즈음 엄마, 아빠의 말과 행동을 장난치듯 곧잘 따라 했다. 내가 출근하려 하면 막무가내로 따라가려고 떼를 쓰기도 했다. 아빠와 함께 있고 싶어서 그랬겠지만, 아빠가 어디로 가서 무엇을 하는지 무척이나 궁금해했다. 어린이집이 쉬는 일요일 아침, 옷을 입고 밖으로 나갈 채비를 했다.

"아빠, 어디 가?"

아니나 다를까 재혁이가 호기심 가득한 눈으로 물었다.

"응, 도서관 가."

"나도, 나도 갈래."

내가 금방 다녀오겠다며 서둘러 나가는 척하자 아들이 따라붙었다.

"나도 갈 거야."

역시 따라쟁이다. 나는 글자를 읽고 서툴게 쓰기 시작한 재혁이를 데리고 도서관에 가기 시작했다. 재혁이를 낳으면서 나는 결심했다. 아들에게 책을 가까이 하는 습관을 길러주겠다고. 책은 모든 길을 알려준다. 책을 접하기 시작하면 세상을 볼 수 있는 마음의 눈을 가진다. 동서고금을 막론하고 세계적인 위인들은 어릴 적부터 책 읽기 습관을 가진 덕분에 훌륭한 성인으로 자랐다. 또 한 가지 이유가 있다면, 그것은 도서관이 가장 돈을 들이지 않고도 여름과 겨울을 날 수 있는 곳이기 때문이다. 나름대로 큰 결심과 의지로 가수원 어린이도서관의 정문을 아들의 손을 잡고 들어섰다.

"아빠, 도서관에는 뭐가 있어?"

"장난감이 많아!"

"그래?"

"맛있는 것도 많아! 재혁이는 뭐가 먹고 싶어?"

"아이스크림."

"그래? 아이스크림도 있어!"

"우와, 정말 맛있겠다."

곧바로 매점으로 가 아들이 말한 아이스크림과 빵을 사줬다. 그리고 어린이도서관에 있는 장난감 방으로 들어가 마음껏

── 3년의 비결 14 ──

도서관에 대한 호기심을 자극하기 위해 아이를 떼놓고 나가려는 척했다. 부모의 말과 행동을 모방하는 20개월 경 아이는 부모의 그런 행동에 더 큰 호기심을 느낀다.

놀게 했다. 한참을 놀다 어린이도서관에 있는 수족관 열대어를 구경했다.

"아빠, 저 물고기 이름이 뭐야?"

"어디 보자. 수족관 옆에 물고기 그림과 이름이 있네. 읽어볼까?"

"그럼! 구, 피."

재혁이가 한 글자씩 읽었다. 나는 아들을 재밌게 해주고 싶었다.

"일이삼사오륙칠팔 구피네."

"아빠, 웃겨. 물고기 이름이 일이삼사오륙칠팔 구피래."

아이들은 벌레가 기어다니는 것만 봐도 크게 웃는다. 그만큼 웃기기 쉬운 것이 아이다. 아이는 재미를 느끼면 곧 관심을 갖게 되고, 그것에 빠져들게 된다. 공부도 마찬가지다. 나는 아들에게 스스로 질문하고 배우고 아는 재미를 느끼게 해주고 싶었다.

아이의 미래는 분명히 아이에게 있다. 하지만 평생을 살아가는 습관은 부모에 의해서 결정된다. 미래를 위한 생각과 습관, 태도는 이 시기에 가장 잘 들일 수 있다. 아들에게 독서습관 만큼은 꼭 들여주고 싶었다. 그것은 돈 없고 가난한 부모인 내가 해줄 수 있는 최선이고 최대의 것이었다.

아들이 도서관을 처음 접한 이날부터 4주간을 하루도 빠짐없이 도서관을 방문했다. 그러나 의도적으로 책을 읽히지 않았다. 대신 도서관에서 재혁이가 좋아하는 빵, 아이스크림, 음료수를 사줘 도서관 방문을 소풍 놀이쯤으로 여기게 하곤 집으로 그냥 돌아왔다.

도서관에서 책에 관심을 보이든 놀이에 관심을 가지든 그것은 아들의 몫이다. 도서관이라는 환경을 마련해주고 재혁이가 책에 관심을 가질 수 있도록 해주면 그것으로 내 역할은 충분하다고 생각했다. 도서관으로 소풍을 간 지 4주 만에 재혁이가 내게 말했다.

"아빠, 나도 책 읽고 싶어."

성공이었다. 재혁이는 놀면서도 도서관에서 책 읽는 형, 누나들의 모습을 봤다. 그리고 자기도 그렇게 해보고 싶어 했다. 내가 그토록 듣고 싶었던 말이다. 참으로 고마웠다. 그리고 가슴이 벅차올랐다.

아이가 느끼는 우리말과 영어의 차이

이즈음 내게는 또 하나의 꿈이 있었다. 재혁이가 영어를 잘할 수 있게 해주는 것이었다. 무려 12년 동안 학교에서 영어를 배우고 학원도 다녔지만 난 영어를 못했다. 마스터는커녕, 실제 외국인을 만나면 입을 꾹 다물었다. 아들도 내 꼴로 만들기 싫었다.

생활영어 책을 구해 아들에게 해줄 수 있는 짧은 영어 문장을 뽑아서 집안 벽과 자동차 안에 붙여놓았다. 그리고 틈틈이 익혀 재혁이에게 영어를 섞어 말하기 시작했다.

"I love you, 아들."

"하지 마!"

재혁이가 화를 내면서 나를 때렸다. 영어가 우리말과 다르다는 것을 아는 모양이었다.

"그래, 안 할게."

그리고 30분이 지나서 다시 영어 대화를 시도했다.

"What is This?"

"영어 쓰지 마!"

"알았어!"

아들은 소리를 치며 내 머리를 잡아당겼다. 이런 거부 반응이 있을지 예상하지 못했다. 포기해야 하는 걸까? 고민스러웠다. 내가 영어를 계속하면 재혁이가 스트레스를 받을 것 같았다. 방법을 바꿔보기로 했다. 저녁밥을 먹고 영어 그림동화책을 꺼내서 읽었다.

"This is My mom. She's in the kitchen. She's cooking dinner."

"아빠! 영어로 말하지 말라니까."

"아빠가 좋아하는 책 읽는 거야. 너한테 말한 거 아니야."

"그래?"

"그럼! 아빠는 우리나라 책도 좋아하고 영어 책도 좋아해. 여보, 이 책 좀 봐. 우리도 나중에 이 요리해서 먹자."

"그래. 아주 맛있겠는걸."

아내가 맞장구쳐줘 위기를 넘겼다. 나는 재혁이 옆에서 영어 책을 읽기 시작했다. 그리고 평소에는 영어를 아들이 싫어하지 않을 만큼만 조금씩 썼다.

"Have a good dream! 잘 자요, See You."

"아빠, 잠자는데 왜 영어로 말해?"

"엄마한테 잘 자라고 인사하는 거야."

"그래?"

"아들도 Have a good dream!"

"나한테는 영어로 잘 자라고 하지 마."

"그래, 잘 자요."

재혁이가 거부반응을 보여서 나는 천천히 한걸음씩 나아가기로 마음을 먹었다. 일단 재혁이의 눈길이 닿는 벽에다 쉬운 영어 단어의 그림 카드를 붙여놓았다. 내가 하는 영어는 듣지 않으려 했지만, 벽에 붙여 놓은 그림 카드를 보는 것에는 큰 거부반응이 없었다.

영어, 애니메이션으로 친해지기

재혁이가 영어와 친해질 수 있는 방법을 찾고 싶었다. 영어 관련 뉴스나 잡지를 꼼꼼히 살펴봤다. 그러던 중 TV에 영어를 마스터한 아이가 나왔다. 애니메이션 영화를 보면서 영어에 흥미를 느끼고 영어와 친구가 됐다고 했다. 그래, 저 아이처럼 해보자. 곧장 영어로 된 애니메이션을 보여주는 TV 채널을 찾아봤다. 위성방송에 '플레이 하우스 디즈니'라는 채널이 있었다. 마침 홍보기간이라 월 이용료가 4,400원 밖에 되질 않았다.

재혁이는 영어로 된 애니메이션을 재밌게 봤다. 화면을 보면서 상황을 이해했기 때문에 옆에서 내가 영어를 해석해줄 필요도 없었다. 애니메이션에 삽입된 영어 노래도 신나게 따라 했다. 아들은 어느새 영어를 받아들이기 시작했다.

영어 애니메이션을 통해 재혁이는 영어에 대한 거부감이 많이 사라졌다. 그러나 아들을 영어 정복시키겠다는 꿈을 가진 내게는 아직 영어 거부감이 남아 있었다.

중학생 영어실력을 가진 아빠가 아들을 영어로부터 자유롭게 만들어준다는 것은 말처럼 쉬운 일이 아니었다. 아들에게 영어를 가르치는 과정은 내가 영어를 배워나가는 과정과 같았다.

재혁이가 영어에 대해 긍정적인 생각을 가지기 시작하자 나는 영어를 정복할 수 있다는 기대감에 부풀었다. 어렵게 찾아온 기회였다. 이 기회를 놓치면 안 될 것 같았다. 흥미를 지속시킬 방법을 찾았다. 그것은 아들이 좋아하는 컴퓨터로 영어 카드를 만드는 것이었다.

"아빠, 뭐해?"

"응, 영어 단어 카드 만들고 있어. 신기하지?"

내 짐작이 맞았다. 재혁이는 아빠가 컴퓨터로 만드는 영어 카드에 흥미를 보였다.

"나도 가르쳐줘."

생후 25개월 된 재혁이는 이때부터 나와 함께 영어 단어 카드를 만들기 시작했다.

"천천히 보여줄게. 우선 한글을 열고, 표를 불러와서 'Apple'이라고 써. 참, 재혁아. 'Apple'이 뭔지 알아?"

"사과!"

"어떻게 알았어?"

"아빠가 영어 책 읽을 때 들었어. 그리고 저기 벽에도 붙여놓았잖아."

듣지 않고 보지 않는 것 같았지만, 재혁이는 내가 영어 책 읽는 것을 귀로 듣고, 내가 붙여놓은 그림 카드도 보고 있었다.

"사과 그림은 어떻게 넣어?"

"인터넷에서 이미지 검색을 하는 거야."

"그리고?"

"키보드에 있는 '프린트 스크린' 키를 누르면, 이 화면이 사진처럼 찍혀. 그럼 '그림판'을 열고 붙이기를 한 다음 잘라내기로 사과 그림을 따서 한글 표로 가져가면 돼. 재밌지?"

"응, 이제 내가 해볼게. 아빠는 가만히 있어."

재혁이와 함께 한글 표를 이용해서 집에 보이는 사물을 모두 카드로 만들었다. 한 장씩 카드가 완성이 될 때마다 종이에 인쇄해서 거실이나 화장실에 붙여놓았다.

거실과 천장이 아들과 함께 붙인 영어 카드로 도배가 됐다. 재혁이는 카드를 만들면서 영어 단어를 여러 번 익혔다. 영어 애니메이션을 보다가 모르는 단어가 나오면 그 단어도 찾아 카드로 만들어 벽에 일주일 동안 붙여두고 늘 눈으로 익혔다.

시합을 좋아하는 이유

영어에 관심을 가지니까 영어를 정복하는 길이 조금씩 보였다. 영어는 언어이기 때문에 한 가지 방법으로 정복할 수 없다. 재혁이가 영어와 친숙해질 수 있는 방법을 더 찾아봤다. 물론 가장 효과적인 방법은 영어권 나라에서 살다오거나 원어민 교사를 하루 3시간씩 붙여주는 것이다. 그러나 가난한 우리에게 그건 그림의 떡이다.

우리 형편에 맞춰 영어 책과 테이프를 틈틈이 읽어주고 함께 들었다. 모르는 단어는 카드로 만들어 벽에 붙이는 것도 잊지 않았다. 그러나 재혁이가 흥미를 잃을 기미가 보이면 중단했다. 재혁이가 스스로 영어에 흥미를 가질 때까지는 초연할 필요가 있었다.

중요한 것은 함께 듣고 있다는 느낌을 아들에게 심어주는 것이었다. 아빠가 함께하고 있으니 재혁이는 심심함을 잘 느끼지 않았다. 자기의 모든 말과 행동, 표정에 아빠가 관심을 갖고 있다가 반응을 해주니 아빠와 함께 있는 동안에는 무엇을 해도 즐거워하는 것 같았다. 무슨 뜻인지 정확히 알지 못하는 영어 테이프 듣기라도 말이다. 여기에 카드

빨리 익히기 시합을 하면 재혁이는 더 즐거워했다.

"신체 영어를 누가 빨리 익히나 시합, 시작!"

"Head."

"Neck."

"Arm."

시합으로 긴장감과 경쟁심을 자극하면 재혁이는 승부 근성을 보였다. 내게 이기기 위해 사력을 다해 카드의 단어를 외웠다. 나는 일부러 재혁이에게 경쟁심을 유발하고 성취감을 주기 위해 한 발 늦게 외우는 척 했다. 시합의 승리자는 항상 재혁이었다. 100번 시합을 하면 99번은 이기기 때문에 재혁이는 나와 시합하는 것을 좋아했다.

아이는 한 번 빠지면 밤낮을 가리지 않는다

2003년 4월, 재혁이가 26개월쯤 됐을 때였다. 이때 우리는 경제적으로도 어려웠지만, 재혁이 때문에도 힘들었다. 어린이집은 아침 7시 30분부터 저녁 7시 30분까지 운영하도록 돼 있다. 꼬박 12시간을 일했다. 직장에 다니는 학부모가 회식이나 야근으로 퇴근이 늦어지는 날이면 밤 9시나 10시에 아이를 데려갔기 때문에 하루 온종일 아이들을 돌볼 때도 있었다. 어린이집 아이들이 다 돌아가고 나면 쉬고 싶은 마음이 간절했다. 그러나 재혁이가 우리를 가만두지 않았다.

재혁이는 점심 먹고 놀다가 3시나 4시경에 낮잠을 자기 시작해 저녁

7시나 8시쯤에 일어났다. 그러고는 책을 읽어달라고 떼를 썼다. 책을 좋아한 재혁이를 도서관에 데리고 다니며 아예 독서의 바다에 빠뜨렸던 게 화근이었다. 힘들어도 재혁이가 그만 읽어달라고 할 때까지 책을 읽어줬다. 그게 설령 새벽 3~4시까지라도.

처음 며칠간은 부부가 함께 기쁜 마음으로 책을 읽어줬다. 그러나 재혁이의 책에 대한 갈망은 1주일이 지나도 없어지지 않았다. 우린 생애 가장 힘든 시련의 시기를 맞이했다. 책 읽어주기가 2주째에 접어들면서 아내와 이 문제에 대해 의논했다.

아내는 무엇보다 재혁이가 밤에 책을 읽느라 잠을 자지 않아 성장에 문제가 생기는 것을 걱정했다. 그렇지만 아들이 책을 읽어달라고 울며불며 떼를 쓰는데 책을 읽어주지 않고 무작정 재울 수도 없는 노릇이었다. 나중에 책을 읽어주지 않았던 엄마와 아빠를 어떻게 생각하게 될지 혹여나 책 읽기에 재미를 잃지 않을지 걱정됐다.

"그래도 낮잠을 충분히 잔다는 것이 다행이야."

"이 상태로 가면 나도 힘들고 자기도 힘들어. 어떻게 하면 좋을까?"

"이렇게 하자. 책 읽어달라고 하는 건 길어봐야 한 달 아니겠어? 우리가 번갈아가며 책을 읽어주면 어떨까?"

"좋은 생각이야."

그렇게 아내와 합의하고 책을 읽어줬지만 재혁이는 한 달, 두 달이 지나도 새벽까지 책을 읽어달라고 보챘다. 어떤 날은 동이 트는 것을 보면서 잠이 들기도 했다. 그렇게 6개월을 보내고서야 아들은 새벽까지 책 읽는 습관이 없어졌다.

책을 읽어줘야 했던 6개월 동안 나와 아내의 모습은 말이 아니었다. 입술이 부르트고 눈 밑에는 다크써클이 생겼다. 하루 건너 잠을 잘 수 있었던 것도 아내가 있어서 가능한 일이었다. 이렇게 책을 좋아했기에 우리는 재혁이가 잘못을 했을 때 이런 엄포를 놓곤 했다.

"오늘은 벌로 책 읽지 마."

아들에게 책을 못 읽게 하는 것은 회초리를 드는 것보다 효과가 좋았다.

다른 아이를 넘어뜨리는 버릇

어린이집을 하다 보니, 재혁이는 엄마가 자기가 아닌 다른 아이들을 안아주는 모습을 자주 보게 됐다. 재혁이는 엄마가 다른 아이를 안아주는 것을 시샘했다. 처음으로 재혁이가 아이를 밀어서 넘어뜨렸다. 엄마가 안아주는 다른 아이가 밉기도 했지만, 관심을 끌려는 행동이었다. 넘어진 아이가 다치지는 않았지만 화가 났다. 마음을 안정시키고 재혁이에게 말했다.

"친구를 밀면 어떡하니?"

재혁이는 말이 없었다. 사과를 하라고 했지만 씩씩거릴 뿐 하지 않았다. 두 손을 잡고 단호하게 말했다. 마지못해 자신의 잘못을 인정했다. 그리고 미안하다고 사과했다. 하지만 이런 일은 일주일에 2~3번 정도 계속 일어났다.

재혁이가 또 아이를 밀었다. 말로 타이르는 것에 한계가 있어 매를 찾았다. 나는 매를 찾는 시간을 가능한 길게 끌었다. 정말로 때리려는 것이 아니라 겁을 주려 했기 때문이다. 재혁이는 이내 쫓아 와서 잘못했다고 빌었다. 매를 찾는 사이 반성을 한 것 같았다. 하지만 며칠 지나지 않아 또 다시 다른 아이를 밀었다. 그 아이는 머리를 심하게 찧었다. 이제는 정말 매를 들어야 했다.

"왜 또 밀었니?"

"저 장난감 내 거란 말이야."

"누가 먼저 가지고 있었니?"

"친구가."

"그러면 기다려야지."

"싫어."

아들에게 처음으로 매를 들었다. 부모라면 자식에게 매를 든다는 것이 얼마나 가슴 아픈지 알 것이다. 매를 맞는 것은 아들인데 내 가슴이 찢어질 것 같았다. 그래도 나쁜 버릇은 고쳐야 했다. 매를 들 때, 잘못된 행동 때문에 매를 맞는 거라고 설명해줬다. 그리고 우는 아들을 안아줬다.

아이의 뇌는 스트레스에 약하다. 스트레스에 취약한 아이는 혼이 나면 울면서 잠이 드는 경우가 많다. 재혁이도 그랬다. 혼이 난 뒤에는 잠을 자거나 다음날 몸이 아팠다. 혼을 낸 뒤에도 강압적인 분위기가 이어지면 아이는 부모를 무서워하게 된다. 그러면 이후에 아이와 좋은 추억을 만들 수 없다.

난 아버지와 안아본 기억이 없다. 그래서 아버지를 안아주는 것이 많이 어색하다. 안아주는 것에 인색하면 시간이 지난 다음에 반드시 후회한다. 지금 아이를 안아주지 않으면 기회는 다시 오지 않는다.

아이는 사랑을 먹고 자란다. 사랑받기 위해 태어난 아이가 사랑에 굶주린다면 아이는 상처를 안고 자랄 수밖에 없다. 매를 맞고 눈물 범벅이 된 재혁이를 내가 안아주는 이유는 이 때문이다.

아이의 호기심을
살아있는 공부로

사랑의 모금함에 한 첫 기부

재혁이가 세 살이 되고 난 이후부터 아내는 부쩍 피로를 호소했다. 휴일이면 온종일 잠을 잤다. 난 그게 미인은 잠꾸러기기 때문인 줄 알았다. 2003년 가을이 되면서부터 아내는 아프다는 말을 더욱 자주했다. 병원에 가보자고 했지만, 아직은 괜찮다며 병원 가기를 미뤘다. 그러다 병이 깊어질까 걱정됐다.

아내가 심하게 앓은 날 내가 보다 못해 아내를 데리고 산부인과에 찾아갔다. 검사를 마친 아내에게 가보니 아내가 울고 있었다.

"의사 선생님께서 큰 병원으로 빨리 가보래."

순간 가슴이 철렁 내려앉았다. 이 병원도 큰데 얼마나 심각하면 더 큰 병원으로 가라는 것인지 알 수가 없었다. 의사는 소견서를 써주면서 정밀검사를 받으라고 했다.

아내의 차가운 손을 잡고 병원 문을 나왔다. 갑자기 어지러웠다. 내 눈에 뜨거운 눈물이 고였다. 아내를 잃을 것 같은 생각이 들면서 두려웠다. 혼자서 아들을 키울 자신이 없었다.

"괜찮을 거야. 돌팔이 의사! 제대로 병명도 말하지 않으면서 사람 놀라게 하고 있어."

불안해하는 아내를 안심시키기 위해 큰소리쳤지만 사실은 내가 더 불안했다. 주위 사람에게 묻고 인터넷으로 정보를 검색했다. 대전에 있는 충남대학교 병원 산부인과에 예약했다. 아내와 재혁이를 데리고 충남대병원을 찾았다.

"아빠, 왜 병원에 가?"

"엄마가 배가 아프다네."

"왜 배가 아파?"

"아들이 있던 곳에 혹이 있대."

"그럼 혹부리 영감처럼 떼면 되잖아?"

"그래서 병원에 가는 거야. 의사 선생님이 혹을 떼고 치료해주실 거야."

통증 때문에 아파하던 아내도 혹부리 영감 얘기에 피식 웃었다. 아내는 일상생활을 하기에 무리가 있을 정도로 통증을 느꼈다. 잘 걷지도 못했다. 아내가 아픈 사이에 집안 살림은 모두 내 몫이 됐다. 아내는 자궁내막증 진단을 받았고 수술을 했다.

수술은 잘됐다고 했지만 아내의 몸 상태는 정상으로 돌아오지 않았
다. 조금 힘든 일을 하거나 신경을 쓰면 곧 하혈을 했다. 병원 가는 것
이 일상이 됐다. 세 살 재혁이는 아빠, 엄마를 따라 대학병원을 제집인
양 드나들었다. 그러던 어느 날이었다.

"아빠, 저게 뭐야?"

재혁이가 병원 로비에 있는 '사랑의 모금함' 통에 관심을 보였다. 어
려운 사람을 돕는 것이라 가르쳐주니 어떻게 도울 수 있는지 방법을
물었다. 봉사를 하거나 돈을 기부하면 된다고 알려주자 재혁이는 내게
돈을 달라고 했다.

"아빠, 나도 기부할 거야. 돈 줘."

"기부는 아빠 돈으로 하는 게 아니야. 아들 돈으로 하는 거야. 그게
기부지."

"그럼 빌려줘. 나중에 갚을게."

재혁이는 내게 빌려간 500원으로 첫 기부를 했다. 기부를 하고 기뻐
하는 모습을 보니 시름에 잠겼던 마음이 잠시나마 풀어졌다. 그래, 천
사 같은 마음씨를 가진 아들을 위해서라도 힘을 내자.

아빠가 재밌다고 하면 호기심을 갖는다

아내가 진찰을 끝내고 나왔다. 우리는 병원을 나서 정문으로 걸어 나

왔다. 갑자기 아들이 발길을 멈췄다.

"아빠, 저건 무슨 글씨야?"

"한자야. 중국 사람들이 쓰는데 우리나라와 일본도 사용해."

"뭐라고 읽는 거야?"

"충남대학교병원."

"아빠는 한자를 왜 그렇게 잘 알아?"

"재밌어서 책 보고 공부했지."

"나도 집에 가서 가르쳐줘."

아내는 통증이 있는지 집에 돌아오자마자 돌아누웠다. 내가 재혁이와 놀아주는 것이 아내를 위한 길이었다. 나는 아내를 대신해 내가 할 수 있는 모든 것을 했다.

병원에서 본 한자에 호기심이 생긴 재혁이는 한자를 알려달라고 나를 졸랐다. 재혁이를 위해 옥편을 찾다가 갑자기 웃음이 나왔다.

"아빠, 왜 웃어?"

"갑자기 웃긴 얘기가 생각났어."

"뭔데?"

"어떤 아빠가 아들한테 옥편을 찾아오라고 했는데 아들이 옥편은 없고 왕편만 있다고 하더래."

나는 배꼽이 빠질 듯 웃었다. 아빠가 왜 웃는지 이해가 되지 않는 재혁이가 의아해했다. 옥편을 한참 동안 여기저기 넘겨보던 아들이 나를 봤다.

"아빠! 나 배고파, 밥 줘."

엄마가 아프고 난 뒤부터, 나는 아내 대신 늘 요리를 하고 식사 준비를 했다. 아들에게 밥을 먹이고 씻기는 것도 도맡아 했다. 재혁이는 자연스럽게 배가 고플 때면 엄마가 아닌 내게 밥을 달라고 했다. 나는 자식을 키우고 살림을 하는 주부가 돼가고 있었다.

책으로 보는 세계와 실제 세계의 차이를 좁혀라

책을 읽던 재혁이가 대뜸 나에게 물었다.

"아빠, 버스가 비행기보다 더 커?"

"버스만한 비행기도 있지만 대개는 비행기가 훨씬 커."

"아니예요. 이 책을 보세요."

아들이 보여준 책에는 정말 버스가 비행기보다 3배 이상 크게 그려져 있었다. 나는 큰 충격을 받았다. 책으로만 재혁이를 가르치는 것은 위험한 일이었다. 책으로 보는 것과 실제 경험으로 쌓는 것이 동시에 이뤄져야 오해를 부르지 않는다. 이제 나에게는 자녀교육에 대한 새로운 기준이 하나 더 마련됐다. 그것은 책과 동시에 많은 경험을 하게 해줘야 한다는 것.

재혁이에게 당장 이번 주말에 청주공항에 가보자고 했다. 그리고 인터넷으로 청주공항으로 가는 길과 청주공항 누리집을 둘러봤다. 토요일이 다가왔다. 아내에게는 말하지 않고 조용히 재혁이와 집을 나섰다.

아내는 자신의 병원비로 쪼그라든 살림살이 때문에 요즘 스트레스가 심했다. 작은 일에도 짜증을 부렸다. 비행기와 버스 크기의 차이를 보여주기 위해 청주공항으로 간다면 아내는 반대할 것이 분명했다. 아내가 비싼 기름 값을 말한다면, 난 변명할 거리가 없었다. 그러나 비행기의 크기를 눈으로 직접 확인하는 것 이상의 뭔가를 얻을 수 있을 것 같았다.

아들과 데이트를 한다는 생각으로 공항으로 차를 몰았다. 도로 옆으로 플라타너스 나무가 줄지어 우리를 반기고 있었다. 낙엽이 바람에 흩날렸다. 가을을 만끽하며 1시간을 조금 넘게 달리니 청주공항을 알리는 이정표가 보이기 시작했다. 그런데 안개가 공항을 뒤덮고 있었다. 아무래도 안개 때문에 비행기를 볼 수 없을 것 같았다. 출발할 땐 날씨가 좋았는데 아쉬웠다.

공항에 도착해 재혁이를 데리고 2층으로 갔다. 직지홍보관에 들러 종이를 만드는 법과 책들을 관람하고 공항 로비를 둘러보았다.

"아들, 오늘은 안개 때문에 비행기를 볼 수 없네. 이해하지?"

"네, 다음에 다시 와요."

오 마이 갓. '이젠 됐어요'가 아니라 '다음에 다시 오자'고 한다. 하긴 비행기를 보지 못했으니 세 살 재혁이에겐 당연했다.

"그래, 다시 오자."

집으로 돌아오는 차 안에서 재혁이는

피곤한지 잠이 들었다. 많은 생각이 교차했다. 아빠의 도리는 다한 것 같은데 다시 공항에 와야 하나 갈등도 생겼다. 아까 아들이 다시 오자고 말했을 때, 바로 안 된다고 말했어야 하는데 기회를 놓쳤다는 생각도 들었다. 집에 돌아가서 아내에게 잔소리 들을 걸 생각하니 머리가 지끈거렸다. 잔소리 들을 각오는 했지만 성과가 미미해 허투른 일을 한 것 같아 아쉬웠다.

아이에게는 시험도 하나의 놀이다

하루 중 아들과 보내는 시간이 점점 늘었다. 나는 멀리 떨어져 있는 회원들에게 인터넷으로 원격 수업을 했다. 아픈 아내를 병수발하면서 아들을 돌봐야 했던 내게는 원격 수업을 할 수 있다는 것이 큰 다행이었다. 아들은 내가 원격 수업하는 모습을 수 개월간 지켜봤다.

2004년 초, 내게 원격 수업을 받던 초등학교 5학년 회원이 컴퓨터 자격증을 땄다. 재혁이는 그것을 부러워했다. 내가 원격 수업을 마치자 아들이 내게 말을 건넸다.

"아빠! 나도 자격증 따고 싶어요."

내 아들이지만, 참으로 맹랑했다. 이제 겨우 네 살, 만으로는 세 살인 아이가 국가자격증을 취득하겠다니 말이 되는 소리인가? 그러나 아들은 그저 재밌는 놀이를 시작하겠다는 표정이었다.

"아들! 자격증은 따기 힘들어. 그래서 형이 돼서 공부하는 거야. 너는 이제 겨우 네 살이 되는 거잖아.”

“왜 형들만 해야 해요?”

그랬다. 아들의 이 한마디가 ‘국가자격증은 고학년부터 준비해서 시험을 친다’는 내 고정관념을 깼다. 나이는 중요한 것이 아니다. 내게 컴퓨터를 배우고 있는 일흔 살 할머니, 할아버지도 워드프로세스 자격증 시험을 보기 위해 공부하고 있었다.

“물론 아들이 시험을 쳐도 되지만 문제가 아주 어려워. 타자도 잘 쳐야 돼.”

“아빠가 컴퓨터 선생님이니까 가르쳐줘요. 열심히 할게요.”

기분이 좋았다. 재혁이가 스스로 공부하겠다고 나서는 모습을 보니 신기했다. 마치 5년 전 내가 방문 수업을 했던 인애와 철범이를 보는 것 같았다. 음대 교수 엄마로부터 바이올린을 즐겁게 배우던 인애처럼, 재혁이는 컴퓨터 교사인 내게 컴퓨터를 즐겁게 배우기 시작했다. 나는 큰 기대하지 않았지만 재혁이는 자격증을 따겠다며 컴퓨터 공부에 열을 올렸다.

두 번째 3년,

깨끗한 마음을 따뜻하게
채 우 는 시 간

부모가 함께하면
아이는 모든 것이 즐겁다

행복을 꿈꾸기에

·
·
·

가난하기에 아이의 미래와 행복을 위해

꿈조차 꿀 수 없다면 너무 슬프지 않은가.

가난하기 때문에 더 행복이 간절했고, 꿈을 놓지 않으려 했다.

부모가 사는 이유는 내 아이의 웃음을 볼 수 있기 때문이다.

그래서 웃는 너를 안으면 눈물이 난다.

신기하니까 알고 싶고,
재밌으니까 공부한다

깨진 달걀이 아깝지 않게 하려면

매주 일요일, 어린이집에 오는 20명의 아이들이 먹을 반찬을 준비하기 위해 마트에 갔다. 1층 주차장에 주차하고 마트로 들어갔다. 4살 재혁이는 마트에 가면 카트에 올라타는 것을 무척 좋아했다. 장보기를 다 끝내면 재혁이는 카트에 가득 찬 물건들에 파묻히곤 했다. 오늘도 카트가 물건으로 가득 찼다. 장보기를 마치고, 계산을 끝낸 물건을 다시 카트에 실으면서 깨지기 쉬운 달걀을 맨 위쪽에 올려뒀다.

"재혁아, 달걀 있으니까 조심해."

카트 속에 앉아 있는 재혁이에게 주의를 주고 2층에서 1층 주차장으로 내려가는 에스컬레이터로 향했다. 조심해서 카트를 밀었는데 카트에서 달걀이 떨어졌다. 카트에 앉은 재혁이가 꼼지락거리면서 달걀이 떨어진 것 같았다. 달걀 한 판의 30% 이상이 깨졌다. 아까웠다. 떨어진 달걀을 치우고 담고 있는데 재혁이가 말했다.

"아빠, 계란이 모두 깨지지 않고 몇 개만 깨졌어요."

'야! 이놈아, 이게 몇 개만 깨진 거냐'는 말이 목구멍까지 차올랐다. 그러나 깨지지 않은 달걀들을 신기하게 보는 재혁이에게는 이렇게 말했다.

"그래? 어디 보자. 달걀판이 쿠션 역할을 했네."

"쿠션이 뭐예요?"

"충격을 흡수하는 거야."

"충격을 누가 흡수하는데요?"

"종이로 된 달걀판이 했어."

재혁이가 잘 이해가 안 되는지 고개를 갸우뚱했다. 말로 설명하는 것보다 직접 보여주는 것이 더 나을 것 같았다.

"집에 가서 쿠션에 대해서 알아볼까?"

"네, 좋아요."

집에 도착하자마자 장봐온 물건 정리를 미루고 신문지부터 찾았다.

"재혁아, 이 신문지로 달걀을 싸도록 해."

"왜요?"

“쿠션을 만드는 거야. 달걀을 신문지로 싼 다음, 높은 곳에서 땅에 떨어뜨릴 거야. 그럼 어떻게 되겠니?”

“달걀이 높은 곳에서 떨어지니까 당연히 깨지죠.”

나는 재혁이에게 신문지가 쿠션이 돼 안 깨질 거라고 장담했다. 재혁이와 함께 아파트 2층으로 올라가 신문지로 싼 달걀을 난간 아래로 떨어뜨렸다. 그리고 다시 1층으로 내려갔다. 재혁이에게 신문지를 풀어보라고 했다.

“아빠, 신문지에 물 같은 것이 흘러요.”

달걀이 깨졌다. 신문지 양이 부족해 쿠션 역할을 제대로 못했다.

“신문지를 더 구겨서 더 많이 감싸야겠다.”

집으로 돌아가 신문지로 더 두툼하게 달걀을 감쌌다. 그리고 2층으로 다시 올라가 실험을 했다. 대성공이었다.

“아빠, 높은 곳에서 떨어뜨렸는데 달걀이 깨지지 않았어요. 쿠션은 정말 대단해요.”

재혁이가 쿠션을 이해하고 신기해하는 모습을 보니 뿌듯했다. 달걀 깨진 것이 아깝지 않았다. 나는 재혁이가 호기심을 가진다거나 궁금해하는 것이 있으면 바로 바로 풀어주려고 노력했다. 내가 잘 모르는 것은 인터넷을 함께 검색해서 궁금증을 해결해주려 노력했다. 내가 모르기 때문에 재혁이에게 나중에 하자며 미루기 싫었다.

한참 아들이 컴퓨터 공부에 빠져들고 있을 때였다. 매형과 사별하고 혼자 조카들을 돌보며 사는 누나에게 안부 전화를 걸었다. 누나는 조카 웅이의 한자 시험 때문에 요즘 많이 바쁘다고 했다.

"웅이 학교에서 한자 시험도 봐?"

학교에서 한자를 특색 사업으로 장려하고 있어 시험을 보게 됐다고 한다. 옆에서 통화를 듣고 있던 재혁이가 눈빛을 반짝였다.

"아빠, 한자 시험이 뭐예요?"

전화를 끊자마자 재혁이가 물었다. 그리고 우리집에는 한자가 없냐고 묻기에 등본을 꺼내 보여줬다. 가족 이름 옆에 모두 한자가 적혀 있는 것을 보더니 재혁이는 눈을 더 반짝였다.

"아빠, 이게 내 이름 한자예요?"

"응. 이건 아빠 한자 이름, 이건 엄마 한자 이름이야."

"나도 한자 시험 보고 싶어요."

컴퓨터 자격증에 한자 시험까지 보겠다니 이 일을 어쩌면 좋을까. 그래도 하겠다고 나서는 재혁이가 기특했다. 무엇이든 하고 싶다면 할 수 있도록 도와주고 싶었다. 한자 시험에 대해 인터넷 검색을 해보니 유치원 아이들도 시험에 도전해서 취득하고 있었다. 컴퓨터 자격증보단 어렵지 않은 모양이었다. 재혁이는 컴퓨터 자격증과 한자 공부를 함께해 보겠다고 했다.

"아빠, 컴퓨터로 한자 공부도 할 수 있어요?"

“컴퓨터로 안 되는 게 어디 있니? 다 되지. 컴퓨터로 한자 카드를 만들어볼까?”

우리는 당장 컴퓨터를 켰다. 한자교육진흥회 누리집에서 8급 한자 50자를 내려받기 해 인쇄한 뒤 모니터 옆에 붙였다. 그리고 한글 프로그램을 실행시켜 한 글자씩 한자 카드를 만들기 시작했다.

“우선 표를 만들고, 한글을 쓴 다음 한자 키를 눌러봐.”

한글 프로그램에 있는 한자 자전이 자동으로 동일한 음을 가진 한자들을 모두 찾아 화면에 보여줬다.

“와! 한자가 여러 개 나왔어요. 이렇게 많아요?”

“정말 많지? 우리가 내려받은 한자를 찾아보자.”

모니터 옆에 붙여둔 한자를 보면서 같은 모양의 한자를 찾았다.

“여기 있어요.”

“그래? 바꾸기를 눌러봐.”

“눌렀어요. 우와, 마술 같아요.”

재혁이가 신기해했다. 컴퓨터 방문교사인 내게는 특별할 것이 없었다. 하지만 재혁이를 따라 나도 신기하다고 말해줬다.

“이제 그림을 찾아볼까?”

“무슨 그림이요?”

“선생님이 아이들을 가르친다는 뜻이니까 선생님 그림을 찾아볼까?”

선생님의 모습이 있는 그림을 찾아 표에 붙여넣었다. 영어 카드를 만들 때처럼 재혁이는 카드를 만들면서 한자를 공부했다.

실수 학교가 필요해

잠을 자고 있는 재혁이를 깨우면서 말했다.

"Wake up! 7시야, 일어나. You are late. 밥 먹자."

재혁이가 눈을 부비면서 일어났다.

"Good Morning."

"Good Morning."

어느덧 내가 영어로 인사를 하면 재혁이도 영어로 받아줬다. 이만하면 성공이었다. 아침 인사를 영어로 시작한 지 2년만이었다. 내가 하는 영어에는 어려운 단어나 문장이 없었다. 영어를 잘하지 못하는 내게 중요한 것은 유창한 영어가 아니었다. 아들의 귀에 영어가 익숙하도록 간단한 생활영어를 매일 틈틈이 말해주는 것이었다.

"아들, 우유 먹을래?"

"네."

냉장고에서 우유를 꺼내 전자레인지에 데웠다. 찬 우유를 바로 마시면 기침을 할 것 같았다. 재혁이는 우유를 받아들고 이리저리 왔다갔다 했다. 그러다 결국 우유를 쏟았다.

"앗! 아빠, 죄송해요."

"뭐가?"

"제가 방금 우유를 엎질렀어요."

조심성이 부족한 재혁이가 또 실수를 했다. 나도 실수가 잦았지만 아들은 나보다 10배는 더 실수했다. 실수를 하니까 사람이지, 사람이 실수를 하지 않으면 로봇과 다름없는 거라고 애써 생각을 바꾸면서 재혁이에게 말했다.

"괜찮아, 우유를 엎지르고 재혁이는 무슨 생각을 했니?"

"우유가 옷에 빨리 스며든다는 생각을 했어요. 그리고 만지고 싶다는 생각이 들었어요."

"그래? 그럼 만져봐."

"그래도 돼요?"

"엎질러진 우유를 주워담을 순 없어. 그러니까 이미 엎질러졌다면 그것을 활용할 다른 방법을 찾으면 돼."

"아! 재활용 공부나 실험을 하면 되겠네요."

"그렇지! 이 세상에 많은 학교와 학원이 있지만 실수를 가르치는 곳은 없어. 아빠는 개인적으로 실수를 가르치는 곳이 있었으면 좋겠어. 실수하는 법을 배우면 우리가 미처 생각지도 못했던 새롭고 다양한 현상들을 볼 수 있을 텐데. 그리고 실수를 무서워하지도 않겠지. 아들은 실수를 두려워하지 마. 실수를 두려워하면 아무것도 할 수 없어. 실수할 땐 소중한 경험을 한다고 생각해."

내 장황한 실수 예찬을 가만히 듣던 재혁이의 눈에 장난기가 서렸다.

"네, 알았어요. 이제부터 실수 많이 할게요."

"뭐?"

재혁이가 웃는다. 나는 바보처럼 아들을 따라 웃었다.

백만 권의 경험을 하는 아이의 시간

"더 놀고 싶어요"

아내가 운영하는 어린이집에 오는 아이들을 제일 먼저 맞이하고, 마지막으로 마중하는 것이 재혁이였다. 온종일 재혁이는 어린이집 아이들과 함께 지내면서 친하게 어울렸다. 재혁이보다 한 살 많은 도형이와 동생 동관이를 특히 좋아했다. 도형이 형제가 어린이집을 나갈 때면 가지 말라고 떼를 쓰면서 울곤 했다.

저녁 7시 30분, 도형이 엄마가 아이들을 데리러 왔다. 도형이와 동관이가 가려는데 도형이 가방이 보이지 않았다.

"방금 여기 가져다놓았는데 어디로 갔지?"

도형이 형제가 갈 때면 가지 말라며 붙잡던 재혁이도 보이지 않았다.

재혁이가 가방을 숨긴 것 같은 생각이 들었다.

"재혁아, 도형이 가방 가져갔니?"

재혁이는 대답을 하지 않았다.

"도형이 어머니, 죄송해요. 잠시만 기다리세요."

재혁이를 찾아보니 책상에 엎드려 울고 있었다.

"재혁아, 도형이 형 집에 갈 시간이야. 가방을 숨기면 어떡하니?"

"도형이 형이랑 더 놀고 싶어요."

"도형이도 집에서 엄마, 아빠랑 즐겁게 지내야지. 도형이가 집에 가지 않으면 도형이 아빠도 걱정하신단 말이야."

"그래도 같이 있고 싶어요."

형제가 없는 재혁이는 저녁에 어린이집 아이들이 모두 가고 나면 허전해했다.

"재혁이는 도형이 집에 가서 잘 수 있겠어?"

"아니요."

"그러니까 도형이 형 보내고 내일 다시 놀도록 하자. 가방 어딨어?"

그제서야 재혁이는 가방을 내놓았다. 좋아하는 형이 가지 못하게 하려고 가방까지 숨겨놓는 재혁이가 안쓰러웠다.

한밤에 초코파이를 먹고 싶은 이유

2004년 겨울은 유난히 추웠다. 방에 우풍이 심해서 두꺼운 이불을 덮어도 한기가 느껴졌다. 추위를 많이 타는 나는 항상 잠바를 입고 잠을 잤다. 재혁이를 씻기고 잠옷으로 갈아 입혔다.

"재혁아, 잘 자."

"아빠도 잘 자요."

오늘도 전쟁 같은 하루가 지나갔다. 잠을 청하려고 눈을 감았는데 재혁이가 말했다.

"아빠, 나 초코파이 먹고 싶어."

"지금 집에 없는데 내일 먹어도 될까?"

"아니. 지금 먹고 싶어요."

낮에 부실하게 먹더니 잠자리에 들어야 할 밤에 먹거리를 찾았다.

"알았어. 아빠가 얼른 마트 가서 사 올게."

"나랑 같이 가요."

"지금 밖에 눈이 와서 길이 미끄러워. 그리고 밤이 늦어서 우리집 앞에 있는 마트는 문을 닫아서 멀리까지 갔다 와야 할지도 몰라."

"그래도 같이 갈래요."

우리 부자의 얘기를 듣던 아내가 재혁이 말에 신경쓰지 말고 혼자 얼른 다녀오라고 했다. 하지만 그럴 순 없었다. 추운 겨울밤이지만 아빠와 함께 나가고 싶다는 아들의 마음을 져버릴 수 없었다.

"그래, 알았다. 옷 입자."

잠옷을 벗기고 내복을 입혔다. 그리고 바지와 윗옷을 입혔다. 잠바를 입힌 다음 장갑과 목도리, 마스크까지 중무장을 시켰다. 외출 준비를 하는 데 시간이 많이 걸렸다. 혼자 뛰어갔다면 집 앞 마트에 다녀오고도 남을 시간이었다. 집밖으로 나온 재혁이가 탄성을 질렀다.

"아빠, 밤에 보는 세상은 더 아름다워요."

"밤이 어둡지만, 흰 눈이 덮여 있으니까 정말 아름답지?"

재혁이는 눈을 밟았다. 고요한 밤, 뽀드득 소리를 내면서 조그만 발자국들을 남겼다. 집 앞 마트는 문을 닫았다. 시간이 늦어 그럴 줄 알았지만, 빈손으로 돌아오는 게 허탈했다. 그래도 재혁이는 마냥 즐거워 보였다.

아들은 왜 나를 따라 나오려고 했을까. 이 겨울밤을 아빠와 함께 보고 싶었던 것일까? 재혁이의 얼굴을 보니 그런 것도 같았다. 초코파이를 먹지 못하게 됐는데도 행복한 얼굴이다. 그 얼굴이 나를 행복하게 만들었다.

만약 재혁이를 두고 나 혼자 나왔다면 어땠을까? 그랬다면 재혁이는 초코파이를 먹겠다는 생각 하나에 멈춰 있고 아빠가 오기만을 기다렸을 것이다. 하지만 나와 함께 나오면서 겨울밤 하얀 눈이 쌓인 아름다운 세상을 봤고, 눈을 밟아보는 경험을 했다. 아이는 8살까지 100만 권에 해당하는 경험을 한다고 했다. 나는 재혁이가 그 통계치보다 훨씬 많은 경험을 할 수 있도록 해주고 싶었다.

시험, 즐거운 마음으로 보면 쉽다

컴퓨터로 한자 카드를 만들며 시작한 재혁이의 한자 공부는 겨울을 지나면서 꽤 실력이 쌓였다. 2005년 봄, 나는 재혁이의 한자 자격증 8급 시험을 접수시켰다.

한자 시험을 보기로 한 2005년 4월, 재혁이가 시험 장소를 낯설어 할까봐 시험장에 함께 미리 가봤다. 대학교 교실이라 책상이 너무 높았다. 그래도 재혁이는 책상에 한 번 앉아보더니 마냥 즐거워했다.

"아빠, 여기서 시험 보는 거예요?"

"응, 아빠도 함께 보니까 걱정 마."

"아빠도 시험 치고 싶어요?"

"그럼, 아빠도 아들처럼 한자 자격증 따고 싶어."

다음날 시험장에 가니 유치원생부터 초등학생까지 한자 시험을 보는 아이들이 많았다. 감독관이 재혁이의 머리를 쓰다듬어주면서 말했다.

"아빠랑 함께 왔으니 꼭 합격해."

재혁이는 즐거운 마음으로 시험을 봤고, 한자 자격증 8급 시험에 합격했다. 만 3세 10개월, 전국 최연소 자격증 취득이었다. 자격증 합격으로 한자에 더욱 재미를 붙인 재혁이는 내친김에 한자 준 5급 시험에도 응시해 2005년 5월에 자격증을 하나 더 땄다.

아이는 아이답게

이해할 수 있도록 설명하기

두 번의 한자 자격증 시험에 모두 합격해 자격증을 따면서 재혁이의 자신감은 더욱 커졌다. 그 기세로 컴퓨터 자격증도 꼭 따겠다며 열심히 공부했다.

"아빠, KB-MB-GB-TB 순서가 안 익혀져요."

재혁이의 나이를 생각해서 쉽게 알려줘야 했다.

"보자. 어떻게 외울까? 배에 갈매기를 태우면 되겠네."

"배에 갈매기를 태워요?"

"응, B는 배, K는 갈, M은 매, G는 기, T는 태. 이렇게 '갈매기 태워'로 알고 있으면 쉽지?"

"와, 정말 신기해요. 이제 알겠어요. 고마워요, 아빠!"

필기시험 날짜가 다가왔다. 실수만 하지 않으면 합격할 가능성이 보였다. 워드 시험이 처음이라 아들을 시험장에 혼자 들여보낼 수 없었다. 나는 1급까지 자격증을 취득한 터라 자격증이 없는 아내가 아들과 함께 시험을 보기로 했다. 그러나 몸이 아픈 아내는 시험공부에 집중하지 못했다. 재혁이를 위해 공부하는 폼만 잡았을 뿐 대충 문제를 풀었다.

"여보, 그러다 떨어지면 어떡해?"

내가 걱정했지만, 아내는 이 정도쯤 자신 있다며 별 노력을 기울이지 않았다.

자신 있으니까

드디어 5월 22일, 시험 날이 왔다. 내가 시험을 보는 것도 아닌데 긴장이 됐고, 한편으로는 어떤 결과가 나올지 기대됐다.

"아들, 기분이 어때?"

"설레요. 아빠는요?"

"아들이 새로운 경험을 하러 가니까 무척 기대가 돼."

"엄마는요?"

"엄마는 떨려."

“왜요?”

“자신이 없어.”

“왜 자신이 없어요?”

“너보다 공부를 많이 못했어. 진작 열심히 하는 건데.”

“엄마, 내가 옆에 있으니 힘내세요!”

재혁이가 도리어 엄마를 응원하고 격려했다. 시험장에 도착했다. 교실로 들어서니 초등학교 고학년 학생들이 많았다. 간간이 어른도 섞여 있었다. 책상이 높아 준비해간 방석 4개를 겹쳐 눈높이를 맞춰줬다. 아들은 약간 긴장한 듯 얼굴이 상기됐지만 싱글벙글 입을 다물지 못했다. 시험장에 앉아 있는 것을 마냥 즐거워했다.

시험 시작을 알리는 종소리가 들렸다. 시간이 10분쯤 흘렀을까? 재혁이가 시험실을 나왔다.

“아빠, 뭐 했어요?”

“밖에서 기다리면서 누리집 만드는 책 읽었어.”

좀 있으니 아내가 나왔다. 아내는 재혁이가 시험문제가 어려워 포기하고 밖으로 나간 줄 알고 깜짝 놀라 서둘러 마무리하고 나온 거였다.

“아들, 왜 이렇게 빨리 나왔어?”

“다 풀었어요. 아빠가 알려주신 게 많이 나왔어요. 엄마는요?”

“엄마는 모르는 문제가 많았어.”

합격할 수 있다는 자신감에 가득 찬 재혁이를 데리고 집으로 돌아왔다. 나는 재혁이를 격려하면서도 한편으로는 불합격했을 때 어떤 말로 위로해줄지 미리 생각해뒀다.

드디어 필기시험 합격자를 발표하는 6월 15일이 됐다. 우리 가족은 컴퓨터 모니터 앞에 모여 앉았다. 먼저 아내의 합격 여부를 조회해봤다. 아내는 예상했던 대로 불합격이었다. 재혁이도 불합격이면 두 사람 모두 실망이 클 것 같아 슬슬 걱정이 됐다. 재혁이의 주민번호를 입력했다. 그리고 조회 버튼을 눌렀다.

"합격을 축하드립니다."

이제 겨우 만 4살인 아들이 합격했다. 재혁이가 탄성을 질렀다.

"아빠! 저 합격했어요. 그런데 엄마는 어떡해요?"

"다시 시험 봐야지. 재수시험을 보는 거야. 하하하"

시험 준비를 하면서 아들의 장단점을 파악하게 됐다. 스스로 원하는 것이면 나이와 난이도에 상관없이 도전하는 것을 좋아했고, 혼자 하는 것보다는 엄마와 아빠가 함께하면 더욱 힘을 냈다.

어른은 어른답게

컴퓨터 자격증을 따기 위해선 실기시험을 거쳐야 했다. 실기를 연습한 후 상공회의소 시험장에 갔다. 재혁이를 시험장에 들여보내고 나오는데 시험 감독관의 말소리가 크게 들렸다.

"너 몇 살이니?"

"네 살이에요."

“네 살이 무슨 시험을 치러 와? 여기 봐. 다 너보다 형들이고 어른들이야. 니 아빠가 시켰니? 어린 애가 무슨 시험을 본다고 이 난리야.”

시험 감독관이 계속 재혁이를 붙들고 나무라듯 말했다.

“필기는 합격했니? 필기를 합격했으니까 왔겠네. 어떻게 합격했어? 너 컨닝한 것 아니야?”

감독관의 윽박에 움츠러든 재혁이는 아무 말도 하지 못했다. 감독관이 재혁이에게 왜 화를 내는지 이해할 수 없었다. 덩달아 화를 내고 싶지만 4살 아들 앞에서 아빠가 다른 사람과 싸우는 모습을 보여주기 싫었다. 더군다나 여기는 시험장이었다. 재혁이를 달래주러 다시 교실로 들어가 복도로 데리고 나왔다.

“재혁아, 감독관 선생님이 오늘 기분이 좋지 않은가 보다. 네가 이해해줘. 너 때문에 그런 것은 아니니까 부담 갖지 마.”

아들의 표정을 보니 주눅이 든 게 역력했다. 이대로는 제대로 시험을 칠 수 없을 것 같았다. 실기시험에 합격하려면 한글 200타, 영어 100타 이상을 쳐야 한다. 그리고 공문서를 완벽하게 작성해야 했다. 이번 시험은 연습 삼아 부담 없이 즐겁게 치게 하고 싶었는데 시험 감독관이 기분을 망쳐놓았다. 재혁이는 교실에 다시 들어가고 싶지 않은지 발걸음이 무거웠다.

“재혁아, 시험을 치고 싶지 않으면 그냥 집에 가자.”

“아니에요. 저 아저씨가 싫지만 아빠 말씀대로 경험 삼아 쳐볼게요.”

그러나 재혁이의 입술은 떨리고 있었다. 재혁이는 내 손을 놓고 다시 교실로 들어갔다. 마음이 놓이지 않았다. 시험이 끝나는 음악 소리가 들렸다. 재혁이가 교실에서 나왔다. 얼굴이 빨개져 있었다. 나는 재혁이를 힘껏 안아줬다.

"잘했어. 우리 아들!"

"아빠, 완성을 못했어요."

"그래. 괜찮아. 그래도 좋은 경험을 할 수 있어서 좋았잖아?"

"저 감독관 아저씨가 싫어요. 여기서 시험 보지 않을래요."

"그래, 아빠가 다른 곳에서 볼 수 있는지 알아볼게."

집에 돌아와 인터넷으로 시험 장소를 검색했다. 서울, 대전, 부산, 청주 등 전국에서 시험을 칠 수 있었다. 재혁이가 남대문을 보고 싶다기에 서울에서 시험을 볼 수 있도록 접수했다.

아내가 대학병원에서 치료를 받으면서 늘 누워 있었기에 내가 재혁이와 지내는 시간이 더욱 많아졌다. 그 덕분에 재혁이는 나와 함께 실기시험을 실컷 연습했다. 그리고 다시 실기시험 날이 됐다. 시험을 보고 난 후 우리 가족은 남대문을 구경했다. 남대문에는 관광을 온 중국인과 일본인들이 많았다. 우리 가족은 관광객처럼 사진을 찍고 서울 구경도 신나게 했다. 이날 서울 구경을 하면서 무리했는지 아내는 몸 상태가 더욱 나빠졌다.

재혁이는 두 번째 실기시험도 떨어졌다. 지난번 일 때문에 긴장을 했었는지 연습한 만큼 실력 발휘를 못했다. 다시 서울로 접수해줄까 물으니 저번에 보지 못한 비행기를 보러 가자며 청주로 해달라고 했다.

'아이는 아이답게 자라게 해야 한다'는 미명 아래에 아들을 방치하고 싶지 않았다. 어떤 것이 아이를 아이답게 하는 것인지 아직 난 모른다. 다만 나이에 맞지 않는 질문이라도 아들의 관심 분야에 대해 성심 성의껏 답해줬다. 함께 있어주는 것만이 아들을 돌보는 것이라고 생각하진 않았다. 함께하는 시간도 양보다 질이라고 생각했다.

TV를 시청하더라도 아들과 함께 볼 수 있는 프로그램을 택하려고 노력했다. 마침 6·25 특집 프로그램이 방영되고 있었다. 탱크가 지나가고 폭탄이 떨어지는 모습이 TV 화면에 나오자 재혁이의 눈이 휘둥그레졌다.

"아빠, 누가 싸우는 거야?"

"한국이랑 북한."

"북한은 어디에 있어?"

"한국에서 북쪽으로 가면 있어."

"북한이랑 왜 싸워?"

"서로 생각이 달라서 싸웠지."

"왜 생각이 달라?"

재혁이의 호기심이 발동됐다. 재혁이는 한 번 궁금한 게 생기면 그 궁금증이 풀릴 때까지 질문을 계속했다.

"남한은 자유민주주의 국가고 북한은 공산주의 국가야."

"자유가 뭐야?"

“하고 싶은 것 마음대로 할 수 있고, 열심히 일하면 일한 만큼 돈을 벌 수 있어.”

“공산주의는 뭐야?”

“아무리 열심히 해도 똑같이 돈을 받는 거야.”

“게으름 피워도 똑같이 줘?”

“응.”

자유민주주의와 공산주의를 재혁이가 이해할 수 있게 설명하려니 쉽지가 않았다. 다음 질문이 무엇일지 살짝 긴장이 됐다.

“그런데, 남한이랑 북한이랑 싸워서 누가 이겼어?”

다행이 어려운 질문이 아니었다.

“처음엔 북한이 이기다가 우리나라가 이겼지.”

“저 선은 뭐야?”

“삼팔선이야. 우리나라랑 북한이 서로 못 넘어오게 미국과 소련이 막아놓은 거야.”

“그런데 왜 선으로 막았어? 미국과 소련은 나빠?”

“전쟁을 하지 말라고 막은 거야.”

“미국은 영어를 사용하지? 소련도 영어를 사용해?”

재혁이의 질문은 두서가 없었고 궁금증은 여기저기로 옮겨가기도 했다.

"소련은 러시아어를 사용해."

"북한은 어떤 말을 사용해?"

"북한은 한글을 사용해."

"똑같은 말을 하는데 왜 싸워?"

"너도 친구와 싸우잖아."

재혁이가 잠시 의아하게 나를 보다 웃는다. 남한과 북한이 어린 아이들처럼 싸운다는 게 우스웠나 보다. 5살 재혁이의 질문은 이렇게 TV를 보는 내내 계속됐다. 재혁이가 질문했을 때 빠른 시간 안에 제대로 답해주려 하다 보니 어느새 진땀이 났다. 그러나 즐거웠다. 재혁이의 질문은 프로그램이 끝나고서야 끊겼다.

3년이면

재혁이의 컴퓨터 실기시험이 코앞으로 다가왔다. 두 번 낙방하고 재혁이는 실기 연습에 더욱 골몰했다. 청주에서 시험 보던 7월 22일, 비가 부슬부슬 내렸다. 아들이 태어난 그날처럼. 그래서였을까? 재혁이는 만 4세 2개월, 전국 최연소로 국가자격증을 취득하는 데 성공했다.

3년이었다. 재혁이에게 나타나는 모든 좋은 결과는 그것을 시작한 지 3년 후에 나타났다. 생후 18개월, 글을 떼기 전의 3년간의 노력, 생후 10개월부터 시작한 컴퓨터 놀이로 만 4살에 컴퓨터 국가자격증을 따기까지의 노력, 어떤 일이든지 3년이 됐을 때 빛을 발했다.

아들이 만 4살 2개월의 나이로 컴퓨터 자격증을 취득한 다음날, 상공회의소 관계자가 지역 방송국에 알리면서 재혁이가 TV뉴스를 탔다. 만 4살 아이가 국가공인자격증을 딴 것이 사람들에게는 놀라운 일이었나 보다.

그날 야간 수업을 하다 식당에 들렀다. 마침 저녁 뉴스가 시작이 되면서 아들에 관한 뉴스가 나왔다. 식당에 앉아 있던 사람들이 뉴스를 보면서 얘기했다.

"저 부모는 애를 잡았을 거야. 그렇지 않고 4살이 국가자격증을 땄다는 건 말도 안 돼. 애가 불쌍혀."

"그려, 나도 그렇게 생각혀. 만 4살이면 말도 잘 못할 나이잖혀."

식당 가장자리에서 저녁을 먹던 나는 그 얘기에 참으로 난감했다. 억울한 마음이 들었다. 강압적인 환경에서, 혼을 내가며 만 4살 아들을 국가자격증에 합격시킬 수 있을까? 해와 바람의 이야기에서도 나오듯 강한 바람은 나그네의 외투를 벗기지 못한다. 그러나 따뜻한 햇살은 나그네가 스스로 외투를 하나 둘 벗게 만든다.

나는 다만 아들과 얼굴을 마주보는 시간이 많아 재혁이가 좋아하는 것을 빨리 알아차릴 수 있었고, 재혁이가 원하는 것을 제때 해줄 수 있었을 뿐이었다. 재혁이는 내가 조금만 도와주면 그다음은 혼자서 알아서 했다.

반복하는 습관의 힘

일요일, 재혁이와 마트에 갔다. 마트 1층에 있는 구두와 가방, 신상품 옷들이 우리의 눈길을 끌지만, 우리 가족이 항상 먼저 들르는 곳은 서점 코너였다. 우리는 책을 좋아하는 재혁이를 위해 장을 보는 시간에 1~2시간은 꼭 서점에서 머물렀다.

"아빠, 오늘은 무슨 책을 읽을 거예요?"

"육아 코너에서 책을 읽고 싶어. 넌?"

"전 요즘 세계 여러 나라가 궁금해요. 그래서 여러 나라가 소개된 책을 읽고 싶어요."

재혁이와 여행 코너를 찾았다. 세계여행을 하는 사람들이 많아진 때라 여행 관련 책들이 많이 나와 있었다.

"아빠, 모든 나라들이 다 있는 것 같아요. 이것 보세요. 세계지도도 있어요. 파랗게 표시돼 있는 것은 뭐예요?"

재혁이가 가리킨 것은 바다였다. 내가 알려줬는데도 세계지도를 보는 재혁이의 표정엔 뭔가 풀리지 않은 의문이 있는 듯했다.

"아빠, 세계는 네모난가요?"

"아니. 왜 그런 생각을 했니?"

"여기 세계지도가 네모잖아요."

"그렇구나. 지구는 둥근데 사람들이 보기 좋도록 네모로 만든 거야."

"아빠, 저 이거 갖고 싶은데 사도 돼요?"

"그럼, 세계지도랑 지구본도 함께 사야겠다."

"지구본은 뭐예요?"

"지구를 똑같이 본떠 만든 모형이야."

"똑같아요?"

"그래, 세계지도랑 함께 보면 이해가 더 잘될 거야."

내가 사준 세계지도와 지구본을 안고 재혁이는 세계를 얻은 기분이 돼 집으로 돌아왔다.

"아빠, 우리는 왜 다른 나라로 여행을 안 가요?"

차마 돈이 없어서 못 간다는 말을 솔직하게 할 수 없었다.

"여행을 가려면 그 나라 언어를 조금은 말할 수 있어야 하거든."

"그래요? 그럼 전 영어를 잘해서 미국에 가고 싶어요."

“왜 미국으로 가고 싶어?”

“미국에 있는 거대한 동상을 보고 싶어요.”

책에서 ‘자유의 여신상’을 본 모양이었다. 재혁이가 자는 곳 벽면에 세계지도를 눈높이에 맞춰 붙여뒀다. 잠들기 전 재혁이가 세계지도를 뚫어져라 쳐다보더니 내게 말했다.

“아빠, 오늘밤에 미국 다녀올게요.”

“어떻게?”

“꿈속에서 미국 가려고요.”

“그래, 그럼 아빠도 미국 갈 테니까 미국에서 만나자.”

“좋아요.”

재혁이가 잠들었다. 정말 미국 가는 꿈을 꿨을까? 다음날부터 재혁이와 틈이 날 때마다 세계지도를 보면서 얘기를 나눴다. 세계지도를 손으로 짚어가며 대륙과 바다의 이름, 여러 나라들의 이름도 익혔다. 재혁이와 나는 지도를 보며 날마다 세계여행을 갔다. 단돈 3,000원짜리 세계지도로 말이다.

반복하면 할 수 있다

컴퓨터만큼은 내가 직접 아들을 가르치고 싶었다. 재혁이에게 내 목소리로 된 강의를 남겨주고 싶어서 컴퓨터 강의 동영상을 만들기 시작했다. ‘캠타시아’란 동영상 녹화 프로그램을 이용해 화면을 보면서 목소리를 넣어 강의했다. 틀리면 다시 녹화하기를 여러 번 반복하며 한 달 넘도록 작업하는 모습을 재혁이가 내 옆에 찰싹 붙어서 지켜봤다.

"아빠, 나도 아빠처럼 강의를 하고 싶어요."

내가 강의하는 게 재밌어 보인다고 했다. 아들이 하고 싶다는데 못하게 할 이유가 없었다. 내가 강의를 녹화하는 모습을 옆에서 쭉 지켜봤기 때문에 어떻게 강의하는지 따로 설명할 필요가 없었다. 또 그냥 재혁이가 하고 싶은 대로 해보게 할 작정이기도 했다. 재혁이는 한글 프로그램에서 도형을 이용해 사람 얼굴을 그리는 방법을 강의해보기로 했다. 내 큐 사인과 함께 재혁이의 '사람 그리기' 강의가 시작됐다.

"이번 시간은 한글 문서 작성하는 방법에 대해 알아보자. 우선 한글 문서를 실행시킨 다음, 창이 떴지? 이제 최소화를 시켜. 내가 만약 사람을 그리고 싶다면 얼굴부터 그리자.

동그라미를 이렇게 쳐서, 얼굴이 떴지? 그리고 다시 창을 이렇게 하고 컨트럴 키를 눌러 복사를 해보자. 됐다. 눈, 코, 입이 없으니까 심심하지? 코를 그려보자. 코는 네모난 걸로 하고 입은 이렇게 하자. 아니야, 이건 내가 잘못했어. 입은 이걸로 하자. 눈은 알갱이가 있어야 하지? 그럼 눈을 한 번 더 그려. 이거를 복사를 해, 컨트럴 키를 눌러서. 됐다. 복사가 됐지? 그러면 이제 색깔을 넣어볼까? 이게 검정색이니까 검정색을 넣어보자. 면색을 클릭해서 검은색. 이제 이렇게 됐고, 이제 여기도 색깔을 넣어보자. 됐지?

이렇게 사람을 만들었어. 잠깐 여기서 개체 묶기를 해야겠지? 여기 이렇게 개체 묶기를 누르면, 이제 봐봐. 옮겨다닐 수 있어. 좀 위로 올려볼게. 그리고 네모를 그리고, 또 네모를 그려. 참, 네모는 두 번씩 그려야 돼. 그래야 팔이 돼. 컨트럴 키를 누르고 복사를 해보자. 또 다른 네모 한 개랑 컨트럴 키를 누르자. 연결이 되지 않은 것 같지? 그러면 이렇게 올려, 이것도 조금 올려. 내가 잘못 그렸어. 자 이렇게 사람을 만든 다음 또 다시 개체 묶기를 해야겠지. 이거를 선택하고 개체 묶기. 그러면 봐봐. 눌러볼게. 봐봐! 옮겨다닐 수 있어.

자, 이제 저장을 해야 되겠지. 파일로 들어가서 저장하기. 이렇게 바탕화면에 저장을 해보자. 이거는 '사람'이라고 적고 저장을 눌러. 자, 지금까지 사람 만드는 법에 대해 살펴봤어."

재혁이가 3분 36초 동안의 강의를 끝냈다. 강의하는 품새가 제법이었다. 내가 강의할 때 하던 말들을 흉내 낸 것이었지만 그럴듯했다.

재혁이가 강의하는 모습을 보며 나는 깨달은 것이 있었다. 바로 반복의 중요성이다. 재혁이는 내가 동영상을 완성하기 위해 강의를 수차례 반복하는 모습을 옆에서 지켜봤다. 아빠가 똑같은 일을 반복하는 모습을 보면서 재혁이도 뭔가를 배우고 완성하고 싶을 땐 자연스럽게 반복하는 습관을 익혔다. 아무리 어려운 것이라도 반복하면 정복할 수 있다는 걸 깨달은 셈이었다.

아들을 위한 50번의 결혼 이야기

"아빠, 난 어떻게 태어났어요?"

잠을 자려고 누웠는데 재혁이가 갑자기 질문했다. 이즈음 아이들이 곧잘 보이는 호기심이었다.

"엄마랑 아빠랑 만나서 결혼을 했고 너를 낳았지."

"어떻게 만났어요?"

"엄마가 서산에 살고 있었는데 아빠가 서산에 가서 만났어."

"서산에 왜 갔는데요?"

"아빠가 일하러 서산에 갔지."

"몇 살 때 갔어요?"

"26살 때."

"아빠도 저처럼 어린 시절이 있었어요?"

"그럼, 아빠도 재혁이처럼 다섯 살이 있었지."

"아빠가 다섯 살 때 엄마는 몇 살이었어요?"

"아빠랑 네 살 차이 나니까 한 살이었네. 기저귀를 차고 있었겠다. 할머니에게 젖 달라고 잉잉 울고 했겠네."

"엄마가요?"

엄마가 잉잉 우는 모습을 상상했는지 재혁이가 키득키득 웃는다.

"계속 얘기해주세요."

"그래서 아빠는 열심히 운동도 하고 책도 읽고 할아버지 말씀도 잘 듣고 지내다가 학교를 졸업하고 군대에 다녀온 다음 직장에 다니다가 서산에 가서 엄마를 만나서 결혼을 한 거야."

"와, 너무 재밌어요."

재혁이에게 얘기를 하다 보니 지나온 일들이 눈앞에 스쳐갔다. 내게도 어린 시절이 있었고, 그 시간들을 보내고 어른이 됐다. 갑자기 상념에 젖어들었다.

"재혁아, 이젠 잘까?"

"내일 또 결혼 얘기해줘요."

"오늘 해줬잖아."

"매일매일 듣고 싶어요."

나는 재혁이에게 결혼 이야기를 50번도 넘게 해줬다. 신기한 것은 내 결혼 이야기가 할 때마다 조금씩 달라졌다는 거다. 나도 모르게 이야기에 살을 붙이고, 조금씩 다듬으면서 재혁이를 위한 이야기로 바꿔가고 있었다. 나는 내 결혼 이야기가 재혁이가 어른이 돼 결혼을 하고 인생을 살아갈 때 힘이 돼줄 수 있기를 바랐다.

긍정하는 태도와 마음을 키우는 부모의 자세

아이 때문에 부모가 다투면

모든 부부가 그렇듯이 우리도 가끔 부부싸움을 했다. 아내와의 다툼은 대부분 교육관의 차이 때문에 일어났다.

저녁에 재혁이가 책을 보고 있었다. 책 읽는 재혁이가 너무 귀여워 이 순간 안아주고 깨물어주고 싶었다. 그러나 참았다. 아들의 독서를 방해하고 싶지 않았다. 스스로 책을 읽고 있으니 독서가 습관이 된 것 같아 뿌듯하기도 했다. 아내가 욕실에서 나와 재혁이를 봤다.

"아휴, 귀여워. 우리 재혁이 책 읽어? 이리 와, 안아줄게."

아내는 재혁이를 안고 바지를 내려 엉덩이에 뽀뽀를 했다.

"나 책 보고 있단 말이야."

엄마가 책 읽는 것을 방해하는 게 재혁이도 싫은 모양이었다. 손짓으로 아내를 불렀다. 아내가 기분이 상하지 않게 말했다. 재혁이에게 들리지 않게 목소리도 낮췄다.

"여보, 재혁이 책 읽는 모습 너무 귀엽지?"

"그럼, 자기는 귀엽지 않아?"

아내는 내가 지금 무슨 말을 하려고 하는지 짐작하지 못한 채 연신 싱글벙글이었다.

"나도 너무 귀여워. 재혁이가 밥 먹는 모습과 책 보는 모습을 보고 있으면 눈물이 날 정도로 기분이 묘해지면서 기뻐. 그런데 말이야."

말의 속도를 줄이며 뜸을 들이자 아내는 궁금한지 어서 얘기해보라고 재촉했다. 내 표정이 심상찮은 것을 눈치챈 것이다. 나는 조심스레 말을 이었다.

"재혁이가 책을 보거나 어떤 일에 집중하고 있을 땐 방해하지 말았으면 하는데 어떻게 생각해?"

아내의 표정이 순식간에 바뀌었다.

"내 아들 내가 안아보지도 못하니?"

아내가 화를 냈다. 싸우려고 한 얘기는 아니었는데 다툼이 시작됐다. 서로 목소리가 높아지기 시작했고, 결국 재혁이가 시끄러운 소리에 우리에게 뛰어왔다.

"엄마, 아빠. 싸우세요?"

못된 짓을 하다 들킨 것 같았다. 나는 얼른 굳은 표정을 풀고 그냥 대화하는 거라고 얼버무렸다. 재혁이는 우리가 대화한 것이 아니라는 것을 안다. 아내는 화가 난 채로 자리를 떴다. 재혁이는 불안한 듯 내게 안겨서 뽀뽀를 하고 화를 풀려고 애교를 떨었다. 그리고 엄마에게 가서 춤을 추면서 기분을 풀어주려고 노력했다.

우리 부부는 5살 재혁이보다 못난 어른이었다. 나도 아내도 미안하다는 말을 꺼내지 않았다. 자존심 대결을 하듯 말이다. 우리 부부는 그날 끝내 화해하지 않은 채 잠을 청했다.

"재혁이도 얼른 자."

"네."

새벽쯤 되었을까? 흐느끼는 소리가 들렸다. 재혁이가 슬픈 꿈을 꾸는지 울고 있었다. 우리 부부의 다툼이 영향을 준 것 같아 미안했다. 5살 아들에게는 부모의 작은 말다툼도 마음에 상처가 되는 듯 했다. 우리 부부는 다음날 아침, 화해를 하고 재혁이에게 함께 웃는 모습을 보여줬다.

상상하면 행복하다

재혁이와 함께하는 다섯 번째 겨울이 왔다. 재혁이와 TV뉴스를 보고 있었다.

"12월 9일 수요일 저녁 8시 뉴스를 시작하겠습니다. 오늘 아침 대관령에 첫눈이 내렸습니다."

"아들! 저것 봐, 눈이야. 첫눈이 왔어."

뉴스를 보는 둥 마는 둥, 그저 내 옆에 앉아 딴짓을 하던 재혁이에게 소리치며 손으로 TV를 가리켰다.

"우와, 좋겠다!"

재혁이가 TV에 나오는 대관령에 눈이 오는 풍경을 보며 너무 좋아했다. 그러나 아직 대전에는 눈 소식이 없었다.

"대전에 눈이 오면 아빠는 두 손으로 눈을 뭉쳐서 아들에게 던질 거야."

"그럼, 난 그 눈을 피하고 아빠한테 눈을 던질 거야."

"아빠는 그 눈을 피한 다음에 더 크게 눈을 뭉쳐서 아들에게 던질 거야."

"그것도 휙 피하고 큰 눈덩이를 만들어서 아빠에게 굴릴 거야."

"아빠는 큰 눈덩이에 맞아서 이렇게 푹 쓰러질 거야."

나는 정말로 쓰러진 채 꼼짝도 하지 않았다. 우리 부자가 늘 하는 '상상 놀이'였다.

"아빠! 가짜로 죽었지?"

"아니, 진짜로 죽었어."

"죽었는데 어떻게 말을 해? 일어나."

재혁이는 이제 더 이상 아빠가 죽는 척 하면 정말 죽는 줄 알고 울음을 터트리는 어린 아이가 아니었다.

"아빠 위에 있는 눈을 치워줘야 일어나지."

아들은 눈을 치우는 시늉을 했다.

"영차 영차. 아빠, 눈 다 치웠어. 이제 일어나."

나는 재혁이와 상상 놀이나 마임, 역할극을 자주 했다. 얼굴에 실이 연결된 것처럼 손으로 잡아당기면서 표정을 일그러뜨리면 그 표정이 웃긴지 아빠가 개그맨 같다며 배를 잡고 웃었다. 계단이 없지만 계단을 내려가는 동작을 보여주면 그것도 따라 하며 좋아했다.

때론 재혁이가 먼저 상상 놀이를 걸기도 했다. 아들이 놀이를 걸면 나는 꼭 받아줬다.

"아빠, 밧줄을 던질 거야. 휙"

"풀어줘. 아빠를 왜 밧줄에 묶어?"

"난 사냥꾼이야. 아빠는 곰이란 말이야."

"어흥, 곰이 얼마나 힘이 센지 보여주마."

"아니, 잠깐 토끼로 하자."

"왜 갑자기 곰이 토끼로 바뀌었어?"

"왜냐하면 지금은 곰하고 놀고 싶지 않아. 토끼가 좋겠어."

아들이 너무 귀엽다. 이 재미에 산다. 아

들과 노는 내게 아내가 물었다.

"여보는 행복해?"

"응?"

"난 아들이 있어서 행복해. 자기는?"

"난 가족이 있어서 행복하지. 우리 아들도 행복할까?"

"행복한 얼굴인지 불행한 얼굴인지 봐."

장난꾸러기 아들은 매일이 즐겁다. 어린 재혁이에게 무슨 걱정이 있겠는가. 부모가 이렇게 먹여주고, 재워주고 놀아주는데. 우리집의 행복은 오직 내게 달려 있다. 내가 아들을 즐겁게 하면 아들이 행복하고, 아들이 행복하면 아내가 행복하다. 아내가 행복하면 내가 행복한 것이니, 결국 아들을 즐겁게 해주면 됐다.

아들을 즐겁게 만들려면 내가 즐거워야 한다. 그래서 생각했다. 즐거운 생각을 갖자. 즐겁도록 노력하자. 즐겁게 가족을 대하자. 이것이 우리 가족이 행복해지는 길이다.

화를 내는 아빠에게

재혁이는 축구를 좋아했다. 저녁이나 휴일에는 언제나 축구를 함께 했다.

"아빠, 우리 점심 먹고 축구해요."

"점심 먹고 바로 축구를 하면 위가 늘어나."

“그래요? 그럼 점심 먹고 조금 쉬다가 해요.”

“알았어.”

점심 식사를 마치고 재혁이에게 양치하자고 했다. 그러나 내 말을 들은 건지 대꾸도 없이 재혁이는 방으로 들어가 축구를 했다. 몇 번을 불러도 대답이 없었다. 양치할 생각이 없는 듯 했다.

“양치 안 하면 이따가 같이 축구 안 할 거야.”

그 말에 재혁이가 얼른 뛰어와 욕실 문 앞에 섰다.

“아빠, 치약 좀 묻혀줘요.”

“양치는 욕실 안에서 해야지.”

아들에게 칫솔을 건네고 나는 양치를 시작했다. 그사이 재혁이는 다시 방으로 돌아가 축구를 했다. 위험하게 칫솔을 입에 물고 공을 차고 있었다.

“뭐 해?”

“양치하고 있잖아요.”

“칫솔 물고 축구를 하다 넘어지면 어떡하니?”

“안 넘어질게요.”

“양치 끝내고 축구하라니까. 아빠 말 안 들려?”

재혁이는 축구에 빠져 아빠의 말도, 양치도 모두 뒷전이었다. 저러다 앞으로 넘어져 칫솔이 목구멍으로 넘어갈까 걱정됐다. 위험한 행동은 잠시도 하지 못하게 해야 한다. 단호한 목소리로 말했다.

“아빠 화났어!”

내가 화난 목소리로 크게 말했지만, 도통 듣질 않았다. 재혁이는 계속 칫솔을 물고 공을 찼다.

"너 이리 와!"

아들의 머리에 결국 꿀밤을 한 대 때렸다. 재혁이가 처음 맞는 꿀밤에 눈물을 글썽거리며 나를 쳐다봤다.

"저기 생각하는 의자에 앉아 있어."

"…"

잠시 시간을 둔 다음 재혁이를 불러 얘기했다.

"재혁아, 양치를 다한 후에 축구를 하면 되잖아. 아빠는 네가 다칠까봐 걱정이 돼서 그런 거야. 알았지?"

재혁이는 대답을 하지 않았다. 속상하리라는 생각에 더 이상 얘기하지 않았다. 재혁이의 마음은 풀리지 않았다. 다음날이었다. 재혁이가 울면서 내게 다가왔다.

"아들, 왜 울어?"

"아빠, 죄송해요."

"뭐가 죄송한데?"

"아빠 칫솔을 변기에 넣었어요."

"언제?"

"어제요."

재혁이가 더 크게 울기 시작한다. 아마도 내게 복수를 하고 싶었나보다.

"어제 아빠한테 꿀밤 맞아서 많이 속상했구나."

"네, 죄송해요. 저도 제가 왜 그랬는지 모르겠어요. 용서해주세요."

"아니야, 아빠도 잘못했어. 아빠가 말로 했어야 하는데, 미안해."

아들의 그렁그렁한 눈물을 보면서 생각했다. 아들의 얘기를 더 들어주자. 작은 일로 혼내지 말자.

아이에게 맞는 공부와 생활 습관

"아빠, 이건 영어로 어떻게 읽어요?"

'refrigerator'라는 단어였는데 그림을 보니까 냉장고 같았다. 내가 아는 'kitchen'이나 'knife' 같은 쉬운 단어를 물었으면 즉시 대답해줬을 텐데 창피했다.

"이건 어떻게 읽는지 잘 모르겠네. 인터넷으로 어떻게 발음하는지 알아볼까?"

곧장 인터넷으로 그 단어를 찾아봤다. 그리고 발음을 여러 번 반복해서 들었다.

"리프리제레이터, 리프리제레이터, 리프리제레이터…."

나는 아들과 함께 영어 발음을 따라 하며 익혔다. 하루에도 몇 번씩 재혁이는 내가 잘 모르는 영어 단어의 발음을 물어왔다. 이젠 내가 스트레스를 받을 것 같았다. 그래서 이참에 재혁이와 함께 영어 단어를 읽는 방법을 공부하기로 결심했다. 우선 나도 알 수 있고 재혁이도 이해할 수 있는 것을 찾아야 했다. 생각해보니 평소에 많이 접했던 나라와 도시 이름이 적당할 것 같았다.

"재혁아, 영어 잘 읽고 싶지? 우리 표를 만들어 우리나라에 있는 도시 이름을 영어로 정리해보면 어떨까?"

우리나라 도시 이름을 다 정리해보자는 제안에 재혁이가 망설였다.

"너 김정호가 누군지 알지?"

"네, 전국 8도를 3번씩이나 다니면서 대동여지도를 완성했잖아요."

"그렇지, 김정호에 비하면 우린 식은 죽 먹기보다 쉬워. 인터넷이 우릴 도와줄 거야."

"인터넷이요?"

"그래, 인터넷으로 시청과 구청 누리집에 들어가면 영문으로 소개돼 있거든. 그걸 활용하는 거야."

먼저 서울시청 누리집부터 방문했다. 시청 누리집을 들어가니 언어를 선택하는 곳이 있었다. 영어, 중국어, 일본어로 제공하는데 차례대로 클릭해서 둘러봤다. 한글로 된 누리집과는 사뭇 다른 느낌이었다.

재혁이와 나는 영어 단어를 발음하는 방법을 익히기 위해 시청 84개, 구청 92개의 영문 누리집을 방문했다. 그리고 시청과 구청의 영문 이름을 모두 표로 만들기 시작했다. 이 과정을 통해 재혁이와 더불어 나도 영어 단어 발음법을 통달할 수 있게 됐다.

1등 되기가 재밌는 습관

아침밥을 먹고난 후 아내가 내게 부탁했다.

"여보, 아들 치카 좀 시켜주세요. 말을 안 들어요."

아이를 키우면서 가장 힘든 것이 밥 먹이는 일과 칫솔질이었다. 재혁이는 나를 닮아 식성은 타고났지만 여느 아이들처럼 양치 습관을 들이는 것은 쉽지 않았다.

"Let's go to the bathroom to brush our teeth."

아들에게 짧은 영어로 말했다. 재혁이가 들은 척도 하지 않는다.

"치카를 하지 않으면 세균이 이를 다 갉아 먹어요."

재혁이는 꿈쩍도 않고 거실에서 축구를 했다. 방법을 바꿔야 했다.

"누가 1등으로 욕실에 들어가나? 시작!"

재혁이가 재빨리 뛰어서 욕실로 갔다.

"내가 1등이지?"

"그래, 아들이 1등이네. 이제 치카 하자."

"안 해."

“얼른 칫솔 받아. 아빠 팔 떨어진다.”

어쩔 수 없다. 또 시합을 할 수밖에. 재혁이에게 누가 빨리 양치하나 시합을 걸었다.

“내가 1등할 거야.”

아들은 얼른 칫솔을 입에 넣고 두 번 양치질을 하고선 끝났다고 했다. 제대로 닦지도 않은 채, 말 그대로 빨리 닦는 것만으로 1등이었다.

“내가 1등이지?”

“그래. 이제 누가 깨끗이 닦는지 시합한다. 시작!”

아들은 다시 칫솔을 입에 넣고 양치질을 시작했다. 내가 양치를 끝내고 한참이나 지난 후에 재혁이는 양치를 끝냈다.

“아빠, 내가 더 깨끗하지?”

“그래, 우리 아들이 훨씬 깨끗해. 아들이 1등.”

역시 아들에겐 시합이 통한다.

“자, 이제 축구 시합이다.”

재혁이가 공을 가지고 나왔다.

“Pass me.”

재혁이가 내게로 공을 찼다.

“Catch!”

“This way.”

나는 영어 정복을 위해 재혁이와 함께 하는 생활 속에서 영어로 자주 말했다. 영

어 애니메이션, 영어 카드 등으로 영어에 재미를 붙인 재혁이는 2006
년 2월, 만 4살 11개월에 초등영어 펠트 3급 시험에 도전해 자격증을
따는 데 성공했다. 영어에 재미를 붙인 재혁이에겐 시험은 그저 하나의
시합 같았다.

뮤지컬에서 얻은 교훈

2006년 초, 6살이 된 재혁이와 나는 게임 때문에 자주 신경전을 벌이
게 됐다. 재혁이는 게임을 더 많이 하겠다고 했고, 나는 허락 받은 시간
동안만 게임을 하라고 했다. 조정이 잘되질 않았다. 날씨가 추워 실내
에 있는 시간이 많으니 게임하는 시간도 더 늘었다. 내 고민은 깊어만
갔다. 인터넷으로 게임을 하다가 죽음에 이른 사람에 대한 뉴스 기사까
지 보여주며 겁을 줬지만 그때뿐이었다.

좀처럼 게임 시간을 줄이지 못한 가운데 따뜻한 봄이 왔다. 재혁이가
좋아하는 뮤지컬을 보러 가기로 했다. 재혁이는 2살 때부터 매월 한 편
씩 뮤지컬을 관람해왔다. 처음 뮤지컬을 볼 때 재혁이는 공연장의 암전
을 무서워했다. 그러나 불이 꺼지면 뮤지컬이 시작한다는 신호라는 걸
알게 되면서 무서움은 사라졌다. 이번에 볼 뮤지컬은 〈심청전〉이었다.
재혁이는 집에서 〈심청전〉을 미리 읽고 왔다. 잠시 후, 뮤지컬이 시작
됐다.

재혁이는 책으로 이미 읽었던 이야기가 무대 위에서 펼쳐지는 것이

마냥 신기한지 공연에 빠져들었다. 심청이가 인당수에 몸을 던질 때, 갑자기 나는 눈물이 났다. 아이들이 보는 뮤지컬에 어른이 눈물을 흘리다니, 내가 너무 몰입해서 보는 것 같았다. 요즈음 드라마를 보면서도 눈물을 흘릴 때가 있었다. 주부 우울증이 남자한테도 생기는지 심난했다.

뮤지컬은 어느새 〈심청전〉의 마지막 부분인 임금이 전국의 시각 장애인을 불러 잔치를 베푸는 장면이 펼쳐졌다. 무대에 시각 장애인들이 한 명씩 모여들었다. 그러다 갑자기 시각 장애인 한 명이 무대 앞으로 나와서 소리를 질렀다. 마침 정면에 앉아 있던 재혁이가 그 배우와 눈을 마주쳤다.

"여러분! 내가 왜 시각 장애인이 된 줄 아세요?"

재혁이는 그 배우가 자신에게 말하는 것처럼 여겨졌는지 움찔했다.

"제가 시각 장애인이 된 이유는 컴퓨터 게임을 많이 했기 때문이에요. 여러분도 게임 많이 하면 저처럼 시각 장애인이 될지 몰라요. 조심해요."

재혁이가 당황해서 내 얼굴을 쳐다봤다. 자기에게 하는 말이라고 느꼈나 보다. 내 귓가에 대고 조그마한 목소리로 속삭였다.

"아빠, 저 이제부터 절대로 컴퓨터 게임 안 할래요."

〈심청전〉을 본 이후, 재혁이는 정말로 게임을 하지 않았다. 물론 오래가지는 않았다. 그래도 그 전보다는 게임 시간이 많이 줄었다. 뮤지컬을 함께 본 최고의 성과였다.

이즈음 내게는 고민이 생겼다. 아들과 좀 더 시간을 보내고 싶고, 아들을 키우는 데 좀 더 집중하고 싶었다. 나는 5년 전 아내가 내게 했던 제안을 떠올렸다.

"자기도 어린이집 교사가 되면 어떨까?"

그때는 남자가 무슨 어린이집 교사냐며 딱 잘라 거절했다. 물론 그때도 아내가 하는 어린이집을 틈틈이 도와주고 있었다. 그러나 도와주는 것과 그 일을 직접 맡아 하는 것은 근본적으로 다르다고 생각했다. 교사가 되면 직접 애들 똥 치우는 일까지 해야 했다. 그런 일은 남자가 할 일이 아니라고 생각했다. 또 사람들이 나를 어떻게 볼지 신경이 쓰이기도 했다.

아내는 이후로도 생각날 때마다 그 얘길 꺼내곤 했다. 어린이집 교사가 되면 아들과 하루 종일 함께 할 수 있으니 썩 나쁘지는 않은 것 같았다.

"여보, 나 내년부터 보육교사 공부해볼게."

"왜 내년이야? 올해부터 시작해."

나는 1년 동안 마음을 좀더 수양하고 그때도 지금 같은 마음이 들면 공부를 시작해보겠다고 했다.

평범한 부모를 위한
똑똑하고 착한 아이 키우는 방법

천재는 노력하는 자를 이기지 못한다

재혁이가 3살에 한자, 4살에 영어와 컴퓨터 자격증을 딴 것이 주변에 알려지면서 〈오천만의 일급비밀〉이란 TV방송 프로그램에서 출연을 요청해왔다. 작가가 지능검사를 해보고 싶어 했다. 나는 촬영을 거절했다. 혹시 지능이 낮게 나와 재혁이가 실망하거나 반대로 지능이 높게 나와 이제 겨우 6살인 재혁이가 자만심을 갖게 될까 염려됐다. 자만심이 생기면 노력을 소홀히 하게 될 것이기 때문이다. 그러나 작가는 나를 계속해서 설득했다. 프로그램에서 해볼 검사는 'K-ABC 지능검사'였다. 작가는 이 검사를 통해 재혁이의 지능이 선천적인지 후천적인지, 또 어떻게 발달했는지 알고 싶다고 했다.

미국 예일대 교수님과 대구가톨릭대학교 문수백 교수님이 개발한 K-ABC 지능검사는 만 2살 6개월~만 12살 6개월 아이를 대상으로 지능을 측정해서 영재를 판별하는 검사였다. 지능을 측정하는 과정에서 아이의 지능 특성이 파악돼, 그 지능을 계속 개발할 수 있는 학습과 지도 방법에 대한 정보를 얻을 수 있다고 했다.

나는 재혁이가 똑똑한 것이 놀이와 시합을 통한 후천적 노력에 영향을 많이 받은 것이라 믿어 의심치 않았다. 재혁이의 지능은 처음부터 높게 태어나지 않았다. 그것은 우리 부부가 좋은 지능을 갖고 태어나지 않았고 4년제 대학을 나오지 못했다는 것에서도 알 수 있다.

어릴 적 이런 얘기를 선생님으로부터 들은 적이 있다. '머리 좋은 아이는 한 번 들으면 알지만 시간이 지나면 까먹는다. 하지만 머리가 돌인 녀석들은 반복적으로 들어라. 돌에다 지식을 새기면 영원히 없어지지 않는다.' 나처럼 평범한 지능을 갖고 태어난 아들이 영원히 없어지지 않는 공부를 할 수 있는 방법을 찾으려 노력했다. 대표적인 방법이 독서였고 영어, 한자 카드도 그랬다. 늘 보는 곳에 카드가 붙어 있으니 의식하지 않아도 보게 됐고 무의식중에 기억됐다.

'백견이 불여일행'은 아들이 영원한 지식을 새기는 데 도움을 준 일등공신이었다. 나는 이 교육 방법의 효과와 나처럼 평범한 부모도 아이를 똑똑하게 잘 키울 수 있다는 것을 증명해 보이고 싶었다. 그래서 측정에 응하기로 결정했다.

재혁이와 함께 대구 가톨릭대학교 문수백 교수님을 찾아갔다. 차 안에서 재혁이에게 신신당부를 했다.

"아들, 아들은 머리가 좋은 것 같아, 열심히 노력해서 좋은 결과가 나타나는 것 같아?"

"열심히 노력해서요."

"결과가 어떻게 나오든지 지금하고 있는 대로 하면 돼. 아빠가 항상 하는 말이 있지? 천재는 노력하는 자를…."

"이길 수 없다고 아빠가 여러 번 말씀하셨어요."

아들이 내 말을 받아채 이었다. 아들은 분명 알고 있었다. 마음 한구석에 있던 불안한 마음이 조금은 해소됐다. 장시간의 검사가 시작됐다. 한참을 기다리니 아들이 걸어 나왔다.

"아빠, 교수님이 사투리를 심하게 사용하세요."

"그래, 괜찮아."

재혁이는 자기의 지능 테스트보다 교수님의 사투리에 더 흥미를 느꼈다. 결과지를 가지고 나온 문수백 교수님은 흐뭇한 표정을 지으면서 말씀하셨다.

"엄마와 아빠 직업이 뭐예요?"

어린이집에서 근무한다고 말씀드렸다.

"아이들은 저마다 다른 지식획득 능력을 갖고 태어나는데, 부모가 이를 파악해서 아이에게 맞는 방법으로 지식을 획득할 수 있도록 해주면 아이의 지능이 더욱 발달하게 됩니다. 농부가 농사에 성공하려면, 밭에 씨를 뿌리기 전에 무엇보다 먼저 자신이 경작할 밭이 어떤 작물이 잘 자랄 수 있는 토양인지 파악하고, 그 토양의 성질에 맞는 씨를 뿌린 다음 씨앗이 싹을 틔우고 성장하여 열매를 맺을 수 있도록 도와줘야 하는 것과 같습니다.

재혁이는 선천적 지능보다는 후천적으로 익한 학습에 의해 지능이 발달한 경우로 표준점수 IQ가 156이 나왔습니다. 아마도 부모님께서 재혁이가 가진 지식획득 능력에 맞게 교육하신 덕에 재혁이의 지능이 발달한 듯 싶습니다. 지금까지 어떤 방법으로 교육을 하셨는지는 모르겠지만, 이대로 계속해나가시면 훗날 좋은 결과가 있을 겁니다."

저명한 교육학 교수님으로부터 칭찬을 들어 어린 아이처럼 기뻤다. 그리고 안심이 됐다. 내심 아들에게 해준 것들이 효과가 없으면 어떡하나 했는데, 걱정과 불안이 말끔히 사라졌다.

재혁이는 156이라는 숫자가 높은지에는 관심이 없었다. 다만 아빠의 반응을 살필 뿐이었다. 아빠가 좋아하고 웃으면 재혁이도 따라 웃고 기뻐했다.

부모의 욕심

사람은 참 간사하다. 아내가 임신해서 초음파 검사할 때만 하더라도 손가락 열 개, 발가락 열 개가 있는 건강한 아이면 족하다고 기도했다. 재혁이가 건강한 아이로 태어난 다음에 다시 기도를 했다. 건강하게 커달라고. 건강하게 자라주니 또 한 가지 욕심이 생겼다. 그것은 미래가 행복한 사람으로 자랐으면 하는 것이다. 재혁이가 나처럼 가난하고 멋없게 살게 하고 싶지 않다.

사람 욕심은 끝이 없다. 하지만 큰 욕심이 아니고 자녀를 행복한 사람으로 만들고 싶다는 부모의 꿈조차 이룰 수 없는 사회라면 너무 매정한 것이 아닐까.

재혁이를 키우면서 생긴 욕심은 또 있었다. 아이를 몇 명 더 낳아 길러보고 싶다는 거였다. 아들이 살아가면서 힘들 때 정신적으로 의지하며 고민을 털어놓을 수 있는 형제, 남매를 만들어주고 싶었다.

둘째 아이를 언제 가질지 고민하는 사이, 아내의 자궁내막증 증세가 악화돼 다시 충남대병원을 찾았다. 첫 번째 자궁내막증 수술을 하면서 이미 난소 하나를 제거한 상태였다. 의사는 나머지 난소에 혹이 생겨 통증이 있다고 말했다. 난소에 문제가 발생하면 둘째 낳는 것을 포기해야만 했다. 우리는 마음이 급했다. 서둘러야 했다. 배양산삼까지 먹으며 아이를 낳으려 노력했다. 그렇게 한 달이 지났다.

"자기야, 나 임신한 것 같은데."

드디어 둘째 아이가 우리를 찾아 왔다. 간절함이 통했다. 아이 둘을 키워야 한다는 것이 부담됐지만 운명을 감사히 받아들였다.

가르쳐야 배우는 효와 예

"아빠. 나 화장실 급해, 얼른 비켜."

"아빠가 사용하고 있으니까 조금만 기다려."

내가 빨리 나왔지만 재혁이는 벌써 토라졌다.

"응가 다하면 아빠 불러."

"알았어."

퉁명스럽게 말하는 게 버릇이 없었다. 아이에게 사랑과 관심만 줘서는 부모를 존중하는 마음을 갖게 하기 힘들다는 생각이 들었다. 효를 행하는 법도 가르쳐야 할 것 같았다.

잠시 후 화장실로 가봤다. 재혁이는 손톱으로 자신의 허벅지를 꼬집고 있었다. 나는 깜짝 놀랐다. 좀 전의 일 때문에 화가 나 자기 몸을 학대하고 있는 것 같았다.

"재혁이 너 뭐 하니?"

"내 몸 꼬집고 있어요."

"네 몸이 네 것이니?"

"내 몸은 내 것이고 아빠 몸은 아빠 것이잖아요."

"자식의 몸은 그 부모의 것이라고 했어. 그러니까 네 몸은 아빠 거란 말이야. 그러니 아빠 것을 아빠 허락 없이 꼬집거나 상처를 내면 안 되는 거야."

재혁이가 코웃음을 치며 잔망스럽게 말했다.

"그런 게 어디 있어요?"

“보여줄까? 옷 입고 따라 와.”

인터넷으로 ≪소학(小學)≫에 나오는 구문인 ‘신체발부(身體髮膚) 수지부모(受之父母)’를 입력하고 아들에게 읽어보라고 했다. 한자 준 5급 자격증까지 딴 재혁이가 술술 읽어냈다.

“이젠 이해되지? 네 몸은 누구 거야?”

“아빠 거요. 그럼 아빠 몸은 누구 거예요?”

“아빠 몸은 할머니, 할아버지 거지.”

“할아버지, 할머니 몸은 누구 거예요?”

“증조할아버지, 증조할머니 거지.”

신체발부 수지부모를 시작으로 재혁이는 ≪소학≫에 관심을 갖게 됐고, 이를 통해 효와 예(禮)에 대해 공부하게 되는 계기를 마련했다. 한자를 공부한 것은 정말 여러 모로 잘한 일이라는 생각이 들었다.

어머니는 강하다

겨울이 다가왔고 김장철이 되었다. 아내는 임신한 지 5개월에 접어들었다. 나는 아내에게 이번엔 김장하지 말고 사먹자는 제안을 했다. 그러나 아내는 단칼에 거절했다.

“싫어! 김장만큼은 내가 직접 담고 싶어. 자기가 조금만 도와주면 되잖아.”

“몸이 그렇게 무거운데 힘들지 않겠어?”

“임산부가 움직여야 태아에게 좋은 거야.”

아내에게는 몸에 무리가 될까 걱정된다고 했지만 사실 나는 사서 먹는 김치가 더 좋았다. 아내도 자기가 담은 김치를 잘 먹지 않는다. 우리 집 김장 김치는 언제나 김치찌개용이었다. 그런데도 아내는 자존심에 올해도 김장을 담겠다고 한다. 시장에서 배추 10포기, 무 10개 등 김장에 필요한 각종 재료를 구입했다.

“자기는 무를 잘게 잘라줘. 난 배추 씻어서 반으로 자를 거야.”

아내에게 조심하라고 당부하고 우리는 각자 맡은 일을 하는데 열중했다. 그리고 채 5분이 되지 않았을 때였다. 비명 소리가 들렸다. 아내가 칼에 왼손 엄지를 베었다. 살펴보니 5센티미터 정도 깊게 베여 피가 많이 났다. 서둘러 가까운 병원으로 향했다.

의사 선생님은 베인 부분이 깊어 꿰매야 한다고 했다. 아내가 의사 선생님에게 마취를 해야 하냐고 물었다. 당연한 걸 묻는다는 듯 의사 선생님이 무심히 답했다.

“제가 임신 중이라 태아에게 영향은 없나요?”

뜻밖의 질문에 의사 선생님이 머뭇거렸다. 보통은 마취가 영향을 미치는 경우가 없지만, 전혀 없다고도 할 수 없다고 했다.

“그럼, 마취 없이 수술해주세요.”

의사 선생님도 나도 놀랐다. 그러나 아내의 표정은 결연했다.

“뱃속의 아이에게 조금이라도 영향이 있으면 안 될 것 같아요. 그냥 해주세요.”

마취 없이 살을 꿰매겠다니, 옆에서 보고 있던 나는 소름이 끼쳤다.
'어머니는 강하다'고 했지만 내 아내가 그럴 줄은 몰랐다. 수술이 끝나
고 아내가 치료실에서 나왔다. 괜찮으냐고 묻자 아내가 웃으며 말했다.

"이게 괜찮아 보여? 마취하고 수술할걸. 너무 아팠어."

"잘 참았어."

"집에 가서 김장 해야지."

"누가?"

"다쳤는데 내가 해?"

"아니. 그럼 나?"

"당연하지."

새벽까지 아내의 지시를 받으며 김장을 끝냈다. 힘은 들었지만 환자를
탓할 수는 없었다. 어쨌거나 아내를 대신해 담은 김장이지만 요리 실력
이 없는 아내보다 내가 담은 김장 맛이 더 좋은 것 같아 내심 뿌듯했다.

세 번째 3년,
노력이 결실을 맺는데 걸리는 시간

아이의 3년,
위대한 습관의 힘

기적 같은 이야기

.
.
.

모든 것을 주고 싶다. 그러나 내가 가진 것은 가난뿐.

나는 대신 가난한 사람이 꿈을 키울 수 있는 곳,

모두가 평등해질 수 있는 곳으로 데려간다.

그곳에서 네가 생각을 살찌우고

행복한 미래를 꿈꾸고 만들어갔으면 한다.

가족의 의미를
깨우치기까지

엄마가 된 아빠의 얼굴

7살이 되면서 재혁이는 유치원을 다니기 시작했다. 유치원에서 돌아온 재혁이가 내게 그림 한 장을 보여줬다. 내 얼굴이었다.

"와, 아빠 얼굴이네. 잘 그렸구나."

아들이 으쓱했다.

"그런데 아빠, 선생님이 아빠를 뵙고 싶대요."

나는 다음날 아들의 유치원으로 찾아가 선생님을 만났다. 유치원 선생님이 재혁이의 그림 이야기를 했다. 유치원 선생님은 아이들에게 가족의 소중함과 그중에서도 집에서 요리를 담당하는 엄마의 고마움을 알려주려 미술 시간에 그림 그리기를 시켰다.

"친구들! 우리를 낳아주신 분은 누구죠?"

"엄마, 아빠요."

"그래요. 엄마 아빠가 우리를 낳아주시고 길러주시죠? 아빠는 회사에서 열심히 일을 하시고, 엄마는 우리 가족을 위해서 요리를 하시죠? 오늘은 친구들을 위해 맛있게 요리를 하시는 엄마 얼굴을 그릴 거예요. 그릴 수 있겠죠?"

선생님의 말이 끝나고 아이들은 엄마 얼굴을 그리기 시작했다. 재혁이는 크레파스를 들고 한참을 곰곰이 생각했다. 엄마를 그려야 할지, 음식을 요리하고 챙겨주는 아빠를 그려야 할지 잠시 갈등했다. 재혁이의 그림 그리기가 시작됐다. 눈과 코를 먼저 그리고 입을 그렸다. 그리고 아빠의 짧은 머리를 그렸다. 25명의 반 아이들 중에 재혁이 혼자만 아빠 얼굴을 그렸다. 선생님이 재혁이의 그림을 보고 물었다.

"재혁이는 아빠 얼굴을 그렸네. 오늘은 엄마 얼굴 그리는 날인데?"

"우리 가족을 위해 요리하시는 분을 그리라고 하셨잖아요?"

"그랬지. 혹시, 아빠가 요리사시니?"

"아니요, 하지만 아빠가 요리하시고 집안일도 모두 하세요."

"엄마는 안 계시니?"

"집에 계세요."

우리집 사정을 모르는 선생님은 의아했다. 대한민국은 엄마가 요리를 해야 한다는 고정관념이 아직도 여전하다. 아내가 아파서 어쩔 수 없이 시작한 요리지만, 나는 아내와 아들을 위해 요리하는 시간이 행복했다.

요리뿐 아니라 청소, 빨래 모두 몇 년째 내가 해오고 있었다. 이런 모습을 보고 자랐으니 선생님께서 요리하는 엄마 얼굴을 그리라고 했을 때, 아들은 당연히 요리하는 아빠의 얼굴을 그렸다. 아빠인 내가 엄마의 역할을 모두 하고 있기 때문이었다.

동생이 생겼어

아내는 어느덧 만삭이 됐다. 곧 둘째 아이 출산일이 다가왔다. 건양대학교 이성기 교수님이 큰아들을 받았는데 둘째도 같은 교수님께 예약을 했다. 교수님은 둘째도 잘 자라고 있다고 말씀하셨다.

아내는 첫째 아들 재혁이를 임신했을 때 그랬던 것처럼 2007년 5월, 십자수로 〈달마도〉를 끝내고 분만실로 들어갔다. 두 번째라 그런지 아내는 씩씩했다.

"걱정하지 말고 재혁이랑 기다려."

초조하게 기다리고 있으니 아기가 태어났다는 소식이 들려왔다. 분만실에서 갓 나온 아기를 보러 뛰어갔다. 아들이었다. 아기는 곧 신생아실로 옮겨졌다. 재혁이는 신생아실에서 동생을 처음 봤다.

"아빠, 꼭 닭 같아요."

재혁이는 이제 갓 태어난 아기를 신기하게 바라봤다.

"너도 그랬어."

재혁이는 동생이 태어나자 처음에는 혼자서 독차
지했던 사랑을 빼앗겼다고 생각했다. 엄마, 아빠가
두 아들을 똑같이 사랑하고, 동생은 돌봐야 할 존재
임을 스스로 깨닫게 될 때까지 시간이 걸렸다. 차츰
시간이 지나 재혁이는 이제는 동생에게 공부를 가
르치는 의젓한 형이 됐다.

아기와 아내 둘 다 건강했다. 둘째 아들의 이름은 '시훈'이로 지었다. 이제 우리 가족은 4명이 됐다. 4명이면 놀이를 할 때 편 가르기를 할 수 있다. 재혁이가 태어난 지 6년 만에 낳은 늦둥이라 그런지 더욱 예뻤다. 아내와 둘이서 시훈이에게 우유 먹이는 일을 서로 하겠다고 싸웠다.

"오늘은 내가 우유 먹일 테니까 자기가 푹 자."

"난 괜찮으니까 당신이 자."

둘째 아들이 밤에 우유를 찾는 시간 간격은 30분에서 1시간이었다. 우리는 밤새 번갈아 일어나 배고프다고 우는 시훈이에게 우유를 먹였다. 둘째 아들 시훈이도 첫째 아들 재혁이 같이 무럭무럭 자랐다.

새로운 가족을 받아들이지 못하는 7살

재혁이는 동생이 생겨 처음엔 신기해하고 기뻐했지만 엄마와 아빠가 동생을 돌보는 시간이 많아질수록 심통을 부렸다. 동생이 먹는 우유를 제게도 달라고 했고 자기에게도 기저귀를 채워달라고 했다.

"나도 기저귀 채워줘!"

"재혁이도 어렸을 땐 기저귀를 찼었는데?"

"지금 채워줘!"

"동생은 아직 걷지도 못하고 응가도 못 가려서 기저귀를 차는 거야."

"나도 못 가려! 그러니까 채워줘."

재혁이가 떼를 쓰며 우는 바람에 할 수 없이 기저귀를 채워줬다. 7살 재혁이가 기저귀를 차고 싱글벙글 웃었다. 재혁이는 시훈이와 6살 차이가 나기 때문에 질투와 다툼을 하지 않을 줄 알았다. 그러나 아무리 나이 차이가 나더라도 예외는 없었다. 아기는 혼자 할 수 있는 일이 없기 때문에 엄마, 아빠가 먹여주고 입혀주고 재워주는 거라고 여러 차례 설명해줬지만 재혁이의 질투는 심해져만 갔다. 아빠가 시훈이를 더 예뻐하고 있으며, 자신은 소외당하고 있다고 느끼는 모양이었다. 결국 재혁이의 감정이 폭발했다.

"시훈이 갖다버렸으면 좋겠어. 우리집에서 없어졌으면 좋겠어."

나는 당황스러웠다. 재혁이의 질투심을 어떻게 가라앉혀야 할지 고민이 됐다.

"시훈이는 아직 너무 어려서 밖에 갖다버리면 죽을지도 몰라. 그래도 좋아?"

"죽는 거는 싫지만 시훈이가 싫어. 정말 싫어."

"시훈이가 조금만 더 크면 형이라고 부르면서 너를 따라다닐 거야."

"나 따라다니는 것도 싫어."

"너랑 재밌게 놀아도 줄 텐데."

"말도 못하고 걷지도 못하는데 어떻게 나랑 놀아? 싫다고 했잖아. 갖다버려. 쓰레기통에 버려!"

재혁이가 울음을 터트렸다. 재혁이는 동생이 있어야 하는 이유를 알지 못했고 이해하려 들지도 않았다. 단지 눈앞에서 사라져주길 바랐다. 시훈이를 동생으로, 가족으로 받아들이지 못하고 있었다.

"재혁아, 정말 동생이 싫어?"

"싫어."

"재혁이는 시훈이를 어떻게 했으면 좋겠니?"

"죽지는 않게 밖에 갖다버려!"

"죽지는 않게 갖다버리면 되는 거야?"

"응."

"알았어. 그렇게 할게."

"정말이야?"

아빠를 믿지 못하겠다는 표정이지만, 갖다버리겠다는 말에는 솔깃해했다.

"그럼, 정말이지. 아빠는 거짓말 안 해."

재혁이가 놀란 눈으로 나를 쳐다봤다. 나는 시훈이 기저귀를 갈아주고 외출복을 입혔다. 나도 외출복으로 갈아입었다. 그리고 시훈이 옷 몇 벌을 여행 가방에 넣었다. 재혁이는 그런 내 모습을 가만히 쳐다보고 있었다. 준비를 마친 내가 시훈이를 안고 집에 있는 큰 재활용 쓰레기통 앞에 섰다.

"아빠, 어디 가?"

"재활용 쓰레기통에 들어가려고."

아내가 뭐하는 거냐며 나를 봤지만, 잠시만 기다리라고 눈짓을 줬다. 재혁이가 나를 졸졸 따라 왔다. 나는 시훈이를 안고 쓰레기통 속으로 들어가 서 있었다. 재혁이는 웃음을 참지 못했다.

"아빠! 거긴 왜 들어가?"

"여기 쓰레기통에 시훈이를 버리는 거야."

"그런데 아빠가 왜 들어가?"

"시훈이 혼자 쓰레기통에 버리면 죽을 지도 몰라. 그래서 아빠도 함께 시훈이를 따라가야 해. 너도 시훈이 죽는 것은 싫다고 했잖아."

무엇을 생각하는 것일까? 재혁이는 말이 없었다. 우리는 5분 넘게 재활용 쓰레기통 앞에서 대치했다. 재혁이가 먼저 말을 꺼냈다.

"아빠! 시훈이가 좋아요? 제가 좋아요?"

재혁이가 진짜 하고 싶은 말은 이것이었나 보다.

"넌 엄마, 아빠 중에 누가 더 좋아?"

"엄마, 아빠 둘 다 좋아요."

"아빠도 마찬가지야. 하지만 동생에게는 비밀인데 사실 재혁이가 훨씬 더 좋아. 둘 다 아들이지만 재혁이 하고는 벌써 7년을 함께 살았고 동생하고는 이제 겨우 몇 개월 살았잖아."

재혁이의 표정이 누그러졌다.

"시훈이는 언제쯤 나랑 놀 수 있어요?"

"이야기도 많이 해주고 조금씩 놀아주면 금방 너랑 축구도 하고 야구도 할 수 있을걸."

재혁이는 곰곰이 생각에 잠기더니 다시 말을 꺼냈다.

“아빠, 당분간은 시훈이 버리지 말고 우리가 키워요.”

“그럴까?”

“네.”

재혁이의 마음이 조금은 열렸다.

보육교사 자격증을 따는 아빠

나는 아내와 약속한 대로 2007년부터 보육교사 공부를 시작했다. 공부해야 할 과목이 너무 많았다. 보육기초 영역에서 아동복지, 보육학개론, 아동발달, 보육과정이 필수였고, 선택과목은 7개나 됐다. 여기에 보육실습도 나가야 했다. 그나마 다행인 것은 아내 옆에서 지금껏 모두 봐왔기에 낯설지 않았다는 점이었다. 조금은 자신이 생겼다. 더군다나 2008년을 넘어가면 지금 공부해야 할 과목보다 5과목이 더 늘어난다고 하니 빨리 시작해야 했다.

공부를 시작하고 나는 사막에서 오아시스를 만난 것처럼 흥분했다.

“여보, 이 책 좀 봐. 우리가 아들 키우고 있는 방법들이 다 들어 있어. 난 자동차나 컴퓨터 같은 것만 체계적으로 책으로 정리된 줄 알았는데 아이들과 대화하는 법까지 나와 있어.”

“애 키우기가 제일 힘드니까 그렇지. 열심히 해.”

아내가 나를 격려했다. 보육교사 공부를 하면서 묘한 매력을 느꼈다. 온전히 여성의 영역으로만 여겼던 내 생각은 잘못된 것이었다. 재밌게 공부한 덕에 좋은 학점을 받았고, 보육교사 2급 자격증을 취득했다. 내 친김에 아동학을 다시 전공해 아동문학사 학위까지 취득했고, 아내가 운영하는 어린이집에서 정식으로 교사로 등록했다. 원장인 아내가 나를 불렀다.

"선생님, 혜광이 똥 좀 치워줘요."

나이가 어린 반을 맡으면 똥 치우고 씻기는 일이 하루 중 제일 많았다. 보육학을 공부하고 아들을 몇 년 동안 키우면서 쌓은 경력이 있었지만, 다른 아이들의 기저귀를 갈거나 대소변을 치우는 일은 쉽지 않았다. 그나마 아내의 배려로 남자 아이들은 내가 처리를 했지만, 여자 아이들은 다른 여교사가 담당했다.

물론 컴퓨터 교사를 그만두지는 않았다. 어린이집이 끝난 후 저녁시간을 이용해 수업을 계속해나갔다.

평생 가는 초등 입학 전 습관

승리의 경험이 리더를 만든다

주말이 됐다. 1년에 104일을 아들과 뒹굴어야 한다. 집에서 뒹굴뒹굴하고 있는 재혁이에게 축구하자고 말을 건넸다. 관심이 없는 눈치였다. 바둑을 두자고 해도, 종이벽돌 쌓기 놀이를 하자고 해도, 컴퓨터로 신기한 것을 보여준다고 해도 싫다고 했다. 심심해하는 것 같아 놀아주려고 했는데 아들의 관심을 끌기가 참 힘들었다.

"신문에서 글자 찾기 시합할까?"

"응, 그거 해요."

아들과 한참 신문에서 글자 찾기 놀이를 하는데 어린이도서관 개관 소식을 알리는 기사가 보였다. 옆 동네였다. 아들은 새로 개관한 도서관으로 놀러가자고 했다.

"아들! 자전거 타고 갈까?"

"좋아요. 우리 시합하면서 가요."

아들은 2살부터 세발자전거를 탔고 7살부턴 보조바퀴가 달린 두발 자전거를 탔다. 재혁이는 자전거를 무척 좋아했다.

"저기 버스 정류장까지 누가 빨리 가나 시합!"

"아빠, 조금 있다가 오세요. 제가 먼저 출발해요."

"그래, 열 세고 출발한다."

시합은 항상 간발의 차이로 아들이 이겼다. 어릴 적부터 항상 그렇게 이겨왔다. 나는 아들에게 승리의 기쁨을 느끼게 하기 위해서 늘 져줬다. 승리와 성공을 경험한 아이는 자신의 가능성을 믿고 리더가 될 능력을 스스로 키우게 된다.

아들에게 삶을 살아가는 데 강력한 무기를 주고 싶었다. 내게 독서는 세상과 맞설 수 있는 가장 강력한 무기였다. 책을 가까이 하고 독서 습관을 갖게 하기 위해 오랫동안 노력했다. 내가 먼저 책을 가까이 하려 했고 이사를 갈 때도 도서관 위치를 고려했다.

바늘 도둑을 소도둑으로 만드는 부모

"아들, 유치원 잘 다녀왔어?"

유치원을 다녀온 재혁이가 주머니에 손을 넣고는 뺄 생각을 하지 않았다. 무슨 이유가 있는 게 분명했다.

"아들, 왜 그래?"

재혁이는 주머니에서 동물 모양의 자석을 꺼냈다.

"이게 뭐야?"

"교실에서 가져왔어요."

"왜 가져왔어?"

"내가 가지려고요."

나는 아내를 불렀다. 조그마한 것이니 며칠 가지고 놀다가 가져다주자고 했지만, 아내는 아들에게 내일 다시 유치원에 가져다놓으라고 말해야 한다고 했다.

"여보, 작은 것이지만 남의 물건에 손을 대지 말아야 한다는 것을 가르쳐줘야 해요."

아내가 내게 이야기 하나를 들려줬다. 한 아이가 친구 집에서 장난감을 가지고 왔다. 그 부모는 어린 아들이 가져온 장난감이 귀엽고 신기해서 웃어넘겼다. 아이는 부모가 웃는 것을 보고 다른 사람의 물건을 가져오는 것이 나쁜 행동이라고 생각하지 않았다. 아이는 남의 물건에 계속 손을 대며 어른이 됐다. 결국 가족이 저녁을 함께 먹는데 경찰이 들이닥쳐서 아들을 잡아갔다. 잡혀가면서 아들은 부모에게 말했다. '왜 어린 시절 친구 장난감을 가지고 왔을 때 바로 잡아주지 않았냐?'고. 다른 사람의 물건을 가져오는 것을 나쁘다고 알려주지 않은 부모를 원망했다는 이야기였다.

바늘 도둑이 소도둑 된다는 것을 익히 알고 있었지만 이 이야기를 듣고는 또 한 번 정신을 차리게 됐다. 아이들은 부모나 어른들의 모습과 반응을 보면서 자신의 생각과 태도를 계속해서 수정해나간다. 때문에 아이가 자기 삶의 습관과 태도를 만드는 데는 부모의 역할이 중요하다.

나는 재혁이를 불러 내일 당장 그 자석을 유치원에 가져다두라고 단호하게 말했다. 그리고 다시는 내 것이 아닌 물건은 집으로 가져오지 말라고 단도리했다.

양치습관 들이기는 힘들다

잇몸에서 피가 나 치과를 찾았다. 몇 년 전에 때운 이가 약간 썩어 신경치료를 받고 깍은 후에 덮어씌었다. 군 복부 때 4박 5일 훈련을 나가서 양치질할 수 없었을 때 생긴 훈장이었다. 이것이 나를 두고두고 따라다니면서 괴롭혔다. 그때 당시에는 졸병이라 감히 양치할 수 있는 여건이 되질 않았다.

내 건강하지 못한 치아 때문에 아들의 양치에 유독 신경을 많이 썼다. 집에 늦게 들어가는 날이면 어김없이 아내에게 전화를 걸어 재혁이 양치만은 꼭 시키고 재우라고 할 정도였다.

내가 집에 있을 때는 한 번도 재혁이의 양치를 빠뜨린 적이 없었다. 그러나 치과 치료 후 쉬지 않고 일했던 것이 피곤했는지 집으로 돌아와 잠시 누워 있는다는 것이 깜박 잠이 들어버렸다. 깨어보니 어느새 밤 10시였다. 재혁이도 자고 있었다. 조용히 아내에게 물었다.

"여보, 재혁이 양치질했어?"

"참, 깜박했어요."

"내가 양치를 깜박 잊고 안 해서 지금 이 고생을 하는데 재혁이 양치만은 꼭 시키고 재워야지."

"미안해요. 저도 바빠서 잊어버렸어요."

아들을 흔들어 깨웠다. 잠에 깊이 빠졌는지 깨지 않았다. 하는 수 없이 양치시키는 것을 포기해야 했다. 모두 내 잘못이었다. 훗날 아들이 치아 때문에 고생한다면 나 때문일 것이다. 나도 모르게 눈물이 났다.

내 잘못이니 내가 벌을 받아야 했다. 다음날 나는 온종일 양치를 하지 않았다. 치과에서 받은 치료를 원점으로 돌리는 벌이었다. 잇몸에서 다시 피가 나고 통증으로 괴로웠다. 보다 못한 아내가 말했다.

"그만하면 됐어요. 이제부터 재혁이 양치 빠뜨리지 않고 시키면 되잖아요."

이 일로 아내까지 아들들의 양치에 신경을 더욱 쓰게 됐다. 아이에게 건강을 챙기는 생활습관을 만들어주는 것은 모두

부모의 몫이다. 아이들이 건강하게 자라는 것만큼 부모에게 중요한 것
은 없기 때문이다.

소중한 베개

아내의 십자수 사랑은 재혁이의 베개에도 이어졌다. 재혁이는 엄마
가 십자수로 이름을 새겨준 베개를 보물처럼 소중하게 다뤘다. 자기 베
개를 조금이라도 건드리면 난리를 쳤다.

"아빠, 이건 내 거야. 아빠 건 저기 있잖아."

재혁이는 베개의 볼록 튀어나와 있는 자수 부분을 손으로 비비면서
가지고 놀았다. 올록볼록하고 보들보들한 느낌을 좋아했다. 어느 날 밤
재혁이가 내게 말했다.

"아빠, 이거 한 번 만져봐요."

"어떤 거?"

재혁이는 베개의 십자수 부분을 가리켰다.

"느낌이 어때요?"

"보들보들하네."

"난 이 느낌이 너무 좋아요. 그런데 아빤 왜 이걸 안 만져요?"

재혁이가 좋아하는 것은 항상 나도 좋아했으니 자기가 좋아하는 십
자수 부분을 만지지 않는 아빠가 이상하게 보였나 보다.

"재혁이 거라 만지지 않았지. 이제부터 만져도 돼?"

"응. 대신 만질 땐 내 허락을 받고 만져야 돼. 알았지?"

재혁이는 마치 대단한 것을 아빠에게 허락해주는 듯 생색을 냈다. 늘 함께하지만 내가 알지 못하는 재혁이의 세계가 있다. 그건 아마 어른인 내가 닿을 수 없는 아이의 마음, 동심에서 생긴 것이 아닐까. 다만 그것을 있는 그대로 보고 받아들이는 것이 내 몫인 듯하다.

습관의 효과

독서 타임

나는 아들이 내가 '책 읽어라'는 말을 하지 않아도 책 읽는 습관을 만들어주고 싶었다. 내가 먼저 본보기가 되기 위해 아들과 함께 독서하겠다고 생각하고서도 나이가 들면서 간혹 잊어버렸다.

재혁이가 초등학교 1학년에 입학을 했다. 나의 건망증을 해결해줄 수 있는 뭔가가 필요했다. 늦은 저녁 뚝딱거리며 '독서 타임'이라는 푯말을 만들기 시작했다.

"아빠, 뭐 만들어요?"

"독서 타임 푯말."

"이건 왜 만들어요?"

“아빠가 책을 보고 싶은데 자꾸만 잊어버려서 천장에 매달아두려고.”

재혁이가 좋은 생각이라며 나를 칭찬했다. 푯말을 다 만들었다. 나사를 박고 낚싯줄로 벽에 매달았다. ‘독서 타임 10시 25분~10시 30분, 11시 25분~11시 30분’이라고 쓴 푯말을 본 아내가 말했다.

“시간이 왜 그리 짧아요?”

독서 시간의 길고 짧음은 별 문제가 아니라고 생각했다. 5분은 참 짧은 시간이지만 반복을 통해 습관을 들이기에는 적당한 시간이다. 매일 5분씩 내가 독서하는 시늉이라도 해서 재혁이에게 독서 습관을 만들어주고 싶었다. 독서 타임은 5분이었지만, 독서에 빠진 아들은 독서 타임 5분이 넘어도 책을 놓지 않았다. 5분으로 시작된 책 읽기는 스스로 조금 더 책을 읽고 싶다는 마음이 생기게 했다. 그 마음은 곧 습관이 됐다. 독서 습관은 자신이 관심 있는 것을 책에서 찾고, 독서하고 공부하는 길로 이끌었고, 그 내용을 오래도록 기억하게 만들어줬다.

책을 스스로 읽는 습관을 들여놓자 재혁이는 이제 아빠와 함께하지 않아도 책 읽는 것을 즐겼다. 아들의 모습을 보며 나는 다시 한번 확인했다. 아들의 미래를 위해 위대한 결정을 할 수 있는 사람은 오직 부모뿐이라는 것을 말이다.

약속을 어기는 것도 습관이다

신의, 규약, 다짐, 계약, 가약, 맹세, 약정, 기약, 서약이라는 것은 사람

아이에게 독서 습관을 만들어주기 위해 부모도 함
께 독서하는 습관을 가졌다. 부모가 책을 읽지 않으
면서 아이에게 독서 습관을 들여준다는 것은 불가
능하다고 생각했다. 부모가 아이에게 모범이 되기
위해 독서 타임을 정했고, 함께 지켰다. 아이는 내
가 깜박 잊고 다른 일을 하고 있으면 먼저 내게 독
서 타임을 알려줬다. 독서 타임을 지키기 시작하면
서 아이는 혼자서도 책을 읽는 습관을 가지게 됐다.

이 살아가면서 꼭 필요한 단어들이다. 나는 이것들의 중심에 약속이 있다고 생각한다. 그런데 약속을 지키지 않는 사람을 참 많이 만난다. 가장 흔히 볼 수 있는 것이 장애인 주차장에 세워놓은 일반인들의 차들이다.

"아빠, 저 표시는 뭐예요?"

"몸이 불편한 사람들이 주차할 수 있는 곳이야."

"아, 그래서 다른 곳보다 넓은가 봐요."

"몸이 불편한 사람은 휠체어나 전동차를 이용하는 경우가 많아서 그렇겠지."

"저기 차 안에 있는 표시는 뭐예요?"

"장애인이 운전하는 차라는 표시야."

"네, 그런데 저 옆에 있는 차는 장애인 표시가 없는데 왜 장애인 주차장에 주차를 했을까요?"

"그렇구나, 아마 몸이 불편한 사람인데 장애인 표시가 된 딱지가 없거나 몸이 불편하지 않다면 정신적으로 불편하니까 저기에 주차를 한 것일 거야."

"정신적으로 불편하다는 것이 뭐예요?"

"자기의 이익을 위해서 장애인을 배려해야 한다는 마음을 잊었으니 정신적 장애를 앓고 있다고 봐야지."

"네. 그런 것도 이해를 해줘야 하나요?"

"이해는 해줄 수 있지만 이곳을 관리하는 아저씨들이 단속하실 거야. 걱정하지 마.”

약속을 지키는 습관도 어릴 때 만들어진다. 어릴 때 약속을 잘 지키는 사람은 성인이 돼서도 약속을 지키려고 노력한다. 내가 아들과의 약속을 잘 지키려고 노력하는 것도 이런 이유다. 이런 생각을 하며 설거지를 하고 있었다.

“아빠, 뭐 하세요?”

“설거지하고 있는데 왜?”

“지금 무슨 시간인 줄 아세요?”

“무슨 시간인데?”

“독서 타임이라고요.”

“그래, 알려줘서 고마워.”

독서 타임 푯말을 만들어놓고 내가 시간을 지나치는 경우가 종종 있었다. 그러나 재혁이는 잊지 않았다. 손에 낀 고무장갑을 벗고 아들과 함께 책을 들었다. 역시 나부터 약속을 지켜야 한다.

역사 공부를 위한 100명의 위인들

“아빠, 일본은 왜 독도를 자기네 땅이라고 그래요?”

“독도를 자기 것으로 만들면 독도 근처에서 잡히는 고기도 모두 일본 것이 되니까 그래.”

“정말 일본 땅이에요?”

"아니야, 말도 안 되는 거짓말이야. 독도는 옛날부터 우리 땅이야."

"언제부터요?"

"그건 역사책을 찾아봐야 알 것 같은데."

"역사는 너무 어려워요."

무엇이든 책으로 공부하길 좋아하는 재혁이었지만, 역사책만은 어렵다며 잘 읽지 않았다. 집에 역사나 위인에 대한 책이 있어도 도무지 펼쳐보지 않았다. 그러던 어느 날 차를 운전하면서 라디오 프로그램을 들을 때였다.

"지금 들으실 노래는 아이들에게 피가 되고 살이 되는 노래입니다. 전 이 노래로 우리나라의 역사를 알게 됐어요. 들어보겠습니다."

내 귀를 쫑긋 세우게 하는 소개말이었다. 노래는 〈우리나라를 빛낸 100명의 위인들〉이었다. 이 노래를 익히면 100명의 위인과 친해질 수 있을 것 같았다. 퇴근 후 인터넷으로 노래를 내려받기 해뒀다. 그리고 저녁을 먹으며 재혁이에게 말을 건넸다.

"재혁아, 밥 먹고 아빠랑 노래를 배워볼까?"

"어떤 노래요?"

"재밌는 노래야."

저녁 식사를 끝내고 아들과 함께 노래를 들었다. 노래를 좋아하는 재혁이는 이내 노래를 흥얼거리며 따라 했다. 절반의 성공이었다. 재혁이는 노래를 몇 번 듣고는 책장으로 달려갔다.

"아빠, 이 책에 노래에서 나온 사람들 얘기가 있어요. 신기해요."

“그래, 어디 보자. 정말이네. 단군 할아버지도 있고, 광개토대왕도 있네. 와! 노래랑 책이랑 번갈아가면서 읽으면 정말 재밌겠다.”

노래 덕에 재혁이가 드디어 역사와 세계사 책에 관심갖기 시작했다.

완벽한 독서 습관화의 결과

학교를 다녀온 재혁이가 열이 나고 두통을 호소했다. 동네 병원에서 진찰을 받았는데 뇌수막염일 가능성이 높다고 대학병원으로 가라고 했다. 뇌수막염은 심할 경우 죽을 수도 있다는 말을 들었다. 눈앞이 캄캄했다. 우린 급히 건양대학교 병원을 찾아 정밀검사를 받기로 했다. 아내와 나는 마음을 졸이며 재혁이를 입원시켰다.

뇌수막염 검사는 등에 바늘을 꽂아 하는 뇌척수액 검사를 해야 했다. 의사가 큰 주사를 가져왔다.

“조금 아프니까 참아야 돼.”

검사가 시작됐는데 재혁이가 많이 아파하는 것 같았다. 재혁이의 눈에서 눈물이 흘렀다. 옆에 있는 아내도 함께 눈물을 흘렸다. 아들의 아픔은 나와 아내에게 곱절의 아픔이 됐다.

재혁이는 뇌수막염 진단을 받았다. 뇌수막염의 종류는 세 가지인데 재혁이가 걸린 뇌수막염은 그중 재발 위험이 없는 종류였다. 불행 중 다행이었다. 치료를 받으면서 재혁이의 몸 상태는 조금씩 호전되기 시작했다. 재혁이가 침대에 누워 나를 불렀다.

“아빠, 죄송해요. 걱정끼쳐드려서요.”

“어쩔 수 없지. 니 잘못은 아니잖아. 걱정 말고 푹 쉬도록 해.”

“아빠, 부탁이 있어요.”

“무엇인지 말해봐.”

“제가 읽을 책 좀 가져다주시겠어요?”

“아픈 놈이 무슨 책 타령이냐?”

아들에게 화가 났다. 아프다면 아프다고 말을 해야지 꾹 참고 있다가 병을 키웠다. 꼭 아내처럼 말이다. 게다가 병원에 입원했으면 병이 나을 때까지 쉬어야 하는데 책을 읽고 싶다고 한다. 불현듯 독서 습관을 들여줬던 내 자신이 미워졌다.

“누워서 조금씩만 읽을 게요.”

“잠이나 자!”

재혁이에게 화를 내고 병실 밖으로 나왔다. 어린이집 일 때문에 집으로 갔던 아내가 저녁에 다시 병원으로 왔다. 재혁이가 엄마에게 나와 있었던 일을 얘기했다.

“엄마, 아빠가 저 때문에 화가 많이 나신 것 같아요.”

“아들이 아프니까 아빠도 가슴이 아파서 그런 거야.”

“저도 알아요. 그런데 아빠께 책 좀 가져다달라고 했는데 화를 내셨어요.”

“아픈데 책을 본다고 말했구나. 아빠가 화를 내실 만하네. 입원해 있는 동안에는 그냥 푹 쉬어.”

“그냥 누워 있는 것보다 책을 보면 더 힘이 날 것 같아서 그래요.”

“어떤 걸로 가져오라고 할까?”

“세종대왕 책이랑 인물로 된 책을 20권만 가져다주세요. 옛날에 세종대왕도 어려서 아팠을 때 왕과 왕비 몰래 책을 봤대요. 아빠께 그 부분을 보여드리고 싶어요.”

“니가 세종이니?”

자기가 책을 읽어야 하는 이유를 내게 보여주고 싶다니, 이를 기특하다고 해야 할까. 나는 할 말을 잃었다.

아들의 부탁에 너무 오래도록 읽지는 않기로 약속하고 책을 갖다줬다. 재혁이는 입원해 있는 동안에도 그렇게 책 읽기를 멈추지 않았다.

늘 새로운 자극과 끊임없는 동기 부여

방법을 찾으면 길이 보인다

재혁이와 이제 두 살이 된 시훈이가 책상에 나란히 앉아 그림을 그렸다. 큰아들 재혁이는 교내 그림 대회에서 금상을 받을 정도 그림을 잘 그렸다. 그러나 둘째 시훈이는 두 살밖에 되지 않아 그림이 아직 낙서 수준이었다.

두 아들이 그림을 그리는 것을 지켜보다가 큰아들의 그림이 완성돼 갈 즈음 거실로 나왔다. 그리고 얼마 지나지 않은 때였다. 재혁이가 울면서 소리를 질렀다.

"아빠! 시훈이가 내 그림을 망쳤어요."

"아휴, 속상하겠네. 우리 다시 그릴까?"

“싫어. 동생 미워.”

큰아들의 울음은 좀처럼 멈추질 않았다. 다 그려놓은 그림을 동생이 망쳐놓은 것이 무척이나 속상하고 분한 모양이었다. 곰곰이 생각했다. 방법이 없을까. 그때 좋은 생각이 났다. 그것은 스캐너를 활용하는 것이었다.

“아들! 이리 와, 동생이 낙서한 것 지워줄게.”

“크레파스로 낙서를 했는데 어떻게 지워?”

“지울 수 있다니까. 울지만 말고 이것 봐. 완전 마술이야.”

아들은 그제야 울음을 멈췄다. 나는 컴퓨터를 켜고 낙서된 종이를 스캐너 위에 올려놓았다.

“이게 뭐야?”

“스캐너.”

“낙서된 종이를 올려놓고 그림판을 실행시키자. 파일로 들어가서 스캐너를 누르면.”

스캔이 되는 소리가 들렸다. 모니터에 재혁이의 낙서된 그림이 나타났다. 그리고 도구상자에서 지우개를 선택한 다음 동생이 낙서한 부분을 지우기 시작했다. 재혁이는 이 모습을 신기한 듯 쳐다봤다.

“아빠, 나도 할래.”

아들은 이 작업이 재밌는지 완전히 눈물을 거두고 컴퓨터에 집중했다. 낙서된 부분을 컴퓨터로 다 지운 다음 다시 인쇄를 했다. 낙서된 그림과 낙서가 지워진 그림을 번갈아보며 아들의 눈이 휘둥그레졌다. 그리고 소리질렀다.

"우리 아빠 최고!"

아들을 위한 솔선수범 고군분투

재혁이에게 영어를 친구로 만들어주기 위한 내 노력은 멈추지 않았다. 뉴스에서 10월 14일부터 19일까지 계룡 군부대에서 지상군 페스티벌을 한다는 소식을 접했다.

"다음주 일요일에 지상군 페스티벌을 한다네."

"어디서요?"

"계룡대에서 한대."

"어떤 걸 해요?"

"사격도 하고 줄타기도 하고 특공무술도 보여준다네. 그리고 세계 여러 나라의 군인들도 많이 참가하나봐. 재밌겠다. 우리 한 번 가볼까?"

"좋아요."

아들은 지상군 페스티벌의 누리집을 찾아 그날 무엇을 볼 것인지 검색했다. 재혁이는 레이저 총에 관심을 보였다. 나는 이날 저녁부터 영어 공부에 돌입했다. 지상군 페스티벌에 참가하는 외국 군인과 영어로 대화하기 위해서였다.

재혁이는 외국인과 정식으로 얘기를 길게 나눈 적이 없었다. 외국인과 영어로 대화하는 데 두려움을 갖고 있었다. 그 두려움을 없애주기 위해 내가 먼저 대화하는 모습을 보여주고 싶었다. 나 역시 외국인과의 영어 대화가 두려웠다. 그러나 용기를 내야 했다. 일주일이 빠르게 지나갔다.

재혁이와 함께 계룡대 인근에 주차하고 행사장으로 향했다. 규모가 어마어마하게 컸다. 지상군 페스티벌을 통해 우리는 전투 비행기부터 장갑차까지 실전에 배치되는 무기들을 실제로 볼 수 있었다. 재혁이와 레이저 소총 사격, 줄타기, 고공강하, 특공무술, 육군 의장대, 헬기 레펠 등 많은 것들을 즐겼다. 나는 아들과 함께 군 무기들을 둘러보면서도 끊임없이 눈으로 외국 군인을 찾고 있었다. 드디어 발견했다.

"아들, 저기 군인 아저씨들은 외국에서 왔나 보다."

우리와 다른 피부색과 눈동자색을 가진 외국인 군인을 재혁이가 신기하게 바라봤다.

"나이가 몇 살일까요?"

"35살쯤."

"난 40살쯤 보여요."

나와 재혁이의 예상이 서로 달랐다. 난 이것을 기회로 삼았다.

"우리 물어볼까?"

"아니요."

"왜?"

"무서워요. 뭐라고 그러면 어떻게 해요."

"괜찮아. 이리 와봐. 아빠가 하는 것 잘 봐. 영어는 자신감이야."

영어 말하기에 자신 없는 아이를 위해 먼저 외국인 과 대화하는 본보기를 보여줬다. 지상군 페스티벌 에 가 외국인 군인을 찾아 먼저 영어로 말을 걸고 대화하는 모습을 보여줬다. 아이는 아빠가 실수하 면서도 자신 있게 말하는 모습을 보면서 영어 말하 기에 대한 두려움을 조금씩 떨치게 됐다.

나는 짐짓 자신 있다는 표정으로 아들을 데리고 외국인 군인을 만나
러 갔다. 내가 먼저 인사를 건넸다.

"Hello, Good Afternoon."

"Hello, Nice to meet you."

"Where you from?"

아차! 긴장된 마음에 영어를 틀렸다. 하지만 아무렇지도 않게 대화를
이어갔다.

"United States of America. I'm from U. S. A."

"Really?"

"How old are you?"

"I'm 27."

다행히 외국 군인이 질문에 답변을 잘해줬다. 내 목적이 이뤄지는 순
간이었다. 외국 군인의 나이는 우리가 생각한 것과 달랐다. 나는 그 군
인에게 부탁해 아들과 함께 사진을 찍었다. 재혁이가 좋아하는 모습을
보고 가슴을 쓸어내렸다.

"아빠, 정말 영어 잘하시네요."

"아빠가 자신감을 갖고 말하니까 통하는 것 같지?"

"네, 저도 이제 말할 수 있을 것 같아요."

"다시 가서 재혁이가 영어로 말해볼래?"

"아니요. 내년에 지상군 페스티벌하면 그때 할게요. 아직 준비가 안
됐어요."

아들은 아직도 모른다. 이 30초도 안 되는 대화를 하기 위해서 일주일을 밤새 외우고 또 외웠다는 것을 말이다. 레이저 총을 보고 싶었던 재혁이, 아빠가 외국인과 대화하는 모습을 보여주고 싶었던 나, 우린 둘 다 목적을 달성했다.

초등학교 2학년에게 침대란

"엄마! 침대가 갖고 싶어요. 친구들은 모두 침대가 있단 말이에요."

9살 재혁이가 또 침대 타령이었다. 초등학교에 들어가면서 침대를 사달라고 했는데 그렇게 해주질 못했다. 침대를 사주고 싶어도 우리집에는 침대를 놓을 공간이 없었다.

대전으로 사촌누나가 이사를 왔다. 45평이나 되는 넓은 아파트였다. 사촌누나는 두 남매를 뒀다. 딸은 재혁이보다 나이가 많았고, 아들은 재혁이와 동갑이었다. 사촌누나가 재혁이를 데리고 놀러오라고 했다. 우리 가족은 토요일에 사촌누나네 집에 놀러갔다. 재혁인 동갑인 상현이와 쉽게 어울렸다.

"아빠, 엄마. 상현이 방에 침대가 있어요. 이것 보세요."

두 남매의 방에 모두 침대가 있었다. 재혁이는 그 침대를 마냥 부러워했다. 그리고 자기 것이나 된 것처럼 이리저리 앉아도 보고 뒹굴기도 했다. 저리도 좋아하는 침대를 사줄 수 없어 가슴이 아팠다.

밤이 늦어 집으로 돌아가려고 재혁이를 불렀다. 재혁이가 갑자기 내게 귓속말을 했다.

"아빠, 나 여기서 자면 안 돼요?"

지금껏 한 번도 남의 집에서 잔 적이 없었기에 의아했다.

"벌써 상현이랑 친해졌니?"

재혁이는 또 다시 귓속말을 했다.

"침대에서 자고 싶어요."

이유가 단지 침대에서 자고 싶어서란다. 차마 아들의 바람을 꺾을 수 없었다.

"누나야, 재혁이가 상현이랑 자고 싶다고 하는데 그래도 돼?"

사촌누나가 의외라는 표정을 지었다가 웃으면서 말했다.

"그럼! 벌써 함께 자고 싶을 만큼 상현이랑 친해졌니?"

"애들이라 빨리 친해졌나 보네."

그렇게 재혁이를 사촌누나 집에 남겨놓고 나왔다.

"자기야, 재혁이가 귓속말로 뭐래?"

"응, 상현이 방에 움직이는 로봇이랑 게임기 많으니까 여기서 자면서 하고 싶다네. 그래서 허락했어."

침대를 사줄 수 없는 형편, 전생에 돈은 나랑 원수지간이 분명했다.

요리 솜씨와 편식의 문제

초등학교 2학년 재혁이는 라면이라면 사족을 못 썼다. 우리는 그것이 재혁이가 태아 때 맛본 라면의 기억이 계속 남아서라고 생각했다. 지금이야 하얀 쌀밥을 매일 먹을 수 있지만 재혁이를 가졌을 때 형편이 좋지 않아 붕어빵과 라면으로 끼니를 때웠다. 말 그대로 라면이 주식이었다. 그래서 라면을 좋아하는 재혁이를 볼 때마다 속상했다.

"아빠, 라면 끓여 먹어요!"

"라면은 일주일에 한 번만 먹어야지 어떻게 매일 라면 타령이니?"

"매콤한 것이 당겨서 그래요."

"그래도 안 돼."

"제가 어른이 되면 라면을 내 마음대로 끓여 먹을 거예요."

"라면에 소금이 얼마나 많이 들어가 있는 줄 아니?"

"그럼요. 라면 한 개에 하루 필요한 나트륨이 다 들어 있어요. 전 라면 박사라니까요."

내가 할 수 있는 요리가 몇 가지 되지 않으니 어떤 때는 건강에 안 좋은 걸 알면서도 아들에게 라면을 끓여주는 게 편했다. 나는 국과 반찬을 준비해야 하는 끼니때가 오는 것이 항상 무서웠다. 오늘도 아들 입에 맞는 반찬을 준비한다고 했는데 재혁이는 마음에 들어하지 않았다.

"아빠, 오늘 반찬이 뭐예요?"

"멸치볶음이랑 김이랑 김치랑 두부된장국이다."

“다른 반찬은 없어요?”

“참치에 김치 넣어서 볶아줄까?”

“참치랑 김치 볶는 것 싫어요.”

“그럼, 어떤 반찬 먹고 싶은데?”

“면 종류나 고기 종류요. 고기를 먹어야 쑥쑥 자라죠.”

“멸치도 고긴데 멸치 먹으면 안 되겠니? 칼슘이 많아서 뼈가 튼튼해지는데.”

“아무거나 먹을 게요.”

말투가 조금은 삐친 것 같다.

“면 종류는 어제 먹어서 안 되고, 삼겹살 사와서 조금 구워줄까?”

“네!”

삼겹살을 구워준다는 말에 화색이 돌았다. 남자에게 요리는 왜 이렇게 힘든 것일까? 매년 새해 목표로 요리 정복 계획을 세워도 작심삼일이었다. 나는 언제쯤 요리를 정복할 수 있을까.

신뢰관계가
아이의 미래를 좌우한다

피곤해도 지켜야 할 약속

재혁이가 초등학교 2학년 때인 초여름이었다. 나는 당시 어린이집 교사로 일하고 있었다. 평일에는 어린이집이 끝나면 집에서 아이들과 저녁을 함께 보냈지만 금요일 저녁에는 아르바이트를 하러 가 토요일 새벽에나 들어갔다.

어린이집 교사 월급이 박봉이기도 하지만, 빌린 돈이 많아 이자라도 갚기 위해 아르바이트를 시작했다. 저녁 8시부터 새벽 6시까지 택배를 분류하는 일이었다. 대전 외의 지역에서 온 물건들을 대전의 곳곳으로 보내거나, 다른 지역으로 보낼 물건들을 분리했다. 일당은 4만 6,000원. 아르바이트 치곤 수당이 괜찮았다.

어린이집 일을 마치고 집으로 돌아왔다. 두 아들이 반갑게 나를 맞이하며 달려왔다.

"아빠, 이제 다녀오셨어요."

"아빠, 이제 다녀오시요."

둘째 시훈이가 형의 말을 그대로 따라 말했다.

"그래, 잘 놀았어? 엄마는?"

"저녁 준비하고 계세요."

"저녁 준비하고 계시요."

시훈이의 말은 아직 마무리가 완벽하게 되질 않았다. 그러나 열심히 따라 하려고 노력하는 모습이 대견스럽고 귀여울 따름이었다.

"아빠, 선생님께서 올해 여름, 영재캠프에 참석할 수 있냐고 물으시는데요?"

"영재캠프?"

"네. 한 달 넘게 남았는데 날짜는 7월 18일이고, 토요일이에요. 영재캠프 참가 신청해서 합격하면 저 데려다줄 시간되세요?"

재혁이는 80여 개 초등학교에서 1명씩만 교장선생님 추천을 받아 지원하는 영재캠프에 신청했었다. 재혁이는 자기가 그 선발에서 합격했는지는 아직 모른다고 했다.

"그래, 원장님께 말씀드려서 그날은 근무하지 않도록 할게."

"약속 꼭 지켜요."

재혁이에게 그러겠다고 했지만, 사실 나는 아들이 영재캠프에 합격하지 말았으면 하는 마음이었다. 아르바이트를 하고 난 다음날의 토요일은 일주일 중 가장 피곤한 날이었기 때문이다.

영재캠프를 2주 앞두고 영재캠프 담당자에게서 전화가 왔다. 재혁이가 영재캠프에 합격했으니 참가 여부를 알려달라고 했다. 피곤해도 다음날이 일요일이니 피로를 풀면 된다고 생각했다. 담당자는 참가 준비물을 알려줬다. 그날 저녁, 퇴근해서 재혁이에게 영재캠프에 합격했다는 소식을 알려주니 너무나 좋아했다. 아들이 활짝 웃는 모습을 오랜만에 보니 나도 기뻤다.

영재캠프를 가기 전 날인 금요일이 됐다. 저녁을 먹고 두 아들과 아내에게 일을 다녀오겠다고 말하고 택배회사로 갔다. 왠지 발걸음이 가벼웠다. 영재캠프에 합격한 재혁이가 자랑스럽고 대견스러웠다. 다른 집 아이들이 흔히 다니는 학원 한 번 보내지 못했기에 이런 기회가 내게 너무나 소중했다.

저녁 8시 40분, 회사 식당에서 밤참을 먹었다. 그리고 각자 맡은 자리로 가 작업을 시작했다. 오늘은 대전에서 강원도로 가는 택배 물건을 10톤 트럭에 싣는 상차 작업에 배치됐다. 한 트럭이 택배 물건으로 가득 찼다. 다음 트럭에 작업을 하기 위해 컨베이어 사다리를 밖으로 빼옮겨야 했다. 보통 컨베이어 사다리를 밖으로 뺄 때는 두 명이 함께 안에서 밀어야 한다. 이때 성격 급한 작업조장이 안으로 들어가 밀려던 나를 불렀다.

"이상화 씨, 내가 밀어줄 테니까 앞쪽에서 당겨."

작업조장의 채근에 나는 걸음을 멈췄고, 뒤로 물러나 당길 수 있는 적당한 곳을 제대로 찾지도 못한 채 컨베이어 사다리를 당겼다. 순간 수백 킬로그램 무게의 바퀴가 내 발가락 위를 지나갔다. 눈앞이 깜깜했다. 아픈 것보다 작업조장과 작업반장의 잔소리가 듣기 싫었다. 아픔을 참으면서 일을 계속했다. 신발 안이 질퍽해졌다. 피가 흘러나오고 있는 게 틀림없었다.

2시간의 작업이 끝나고 휴식시간을 알리는 종소리가 들렸다. 걷는 것이 너무 힘들었지만 동료들이 알아차리지 못하게 화장실로 향했다. 화장실 문을 잠그고 신발을 벗어 봤다. 피에 젖은 양말이 신발에 달라붙어서 잘 벗겨지지 않았다. 아직도 피는 나오고 있었고 발가락은 엄청나게 부어 있었다.

동료들이 땀을 씻으려 화장실을 들락거려서 발에 묻은 피를 씻을 수도 없었다. 다시 작업시간을 알리는 종이 울렸다. 이를 악물었다. 2시간의 작업시간이 1년처럼 느껴졌다. 새벽 6시 반이 돼서야 모든 일이 끝났다. 내 상태를 모르는 동료들이 축구를 하자며 나를 붙들었지만 할 일이 있다며 거절하고 집으로 돌아왔다.

아빠는 남자니까

집안은 조용했다. 시계를 보니 지금 아들을 깨우지 않으면 영재캠프에 지각할 것 같았다.

"아들, Wake up! 오늘 영재캠프 가야지?"

눈을 비비며 재혁이가 아침 인사를 했다.

"아빠, 다녀오셨어요."

세수를 하러 화장실로 가던 재혁이가 거실에 찍힌 핏자국을 보고 소
리쳤다.

"아빠! 거실에 피가 있어요."

재혁이가 내 양말이 피로 검붉게 물든 것을 발견했다.

"아빠, 다치셨어요? 엄마! 아빠 다치신 것 같아요."

놀란 아내가 깨어 거실로 나와 왜 다쳤는지 물었다.

"일하다가 조금 다쳤는데 괜찮아. 별것 아니야, 그리고 아들 영재캠
프 데려다주기로 약속했잖아."

"발이 이 지경인데 약속은 무슨? 빨리 병원에 가요!"

아내의 걱정을 뒤로 하고 재혁이에게 어서 준비하라고 했다.

"아빠, 저 캠프 안 가도 되니까 병원부터 가세요."

"괜찮아, 너 캠프 데려다주고 병원 가면 돼."

"하지만…."

"얼른 준비해!"

준비물을 챙겨놓은 가방을 들고 재혁이가 방에서 나왔다. 나는 집을
나가면서 절뚝거리는 표시를 최대한 내지 않으려 했지만 눈치 백단의
아들이 이내 알아챘다.

"아빠, 괜찮아요?"

“그럼, 아무렇지도 않아. 남자가 이쯤가지고 뭘!”

차에 시동을 걸고 가속페달을 밟았다. 페달을 밟을 때마다 고통이 다리를 타고 뇌로 전달이 됐다. 40분을 달린 끝에 대전과학영재학교에 도착했다. 학교가 크고 웅장했다. 재혁이도 그 규모에 놀란 듯했다. 재혁이와 안내도를 찾아 영재캠프가 열리는 건물로 향했다.

“여기 4층이구나. 올라갈까?”

재혁이가 걱정스런 눈빛으로 내 발을 봤다.

“아빠, 발은 좀 어때요?”

“응, 괜찮아. 이제 다 나은 것 같은데.”

접수를 마치고 한참을 기다려서야 아이들은 각 반에 배정을 받았다. 재혁이는 아인슈타인 반으로 배정됐다.

“재혁아, 수업 재밌게 받아. 모르는 것이 있으면 질문도 많이 하고, 조금 아는 것도 질문하는 것 잊지 마.”

“네. 확실히 접수했어요.”

아이들이 배정된 반으로 모두 들어가고 학부모들은 캠프 일정에 대한 안내를 받았다. 점심시간은 12시부터 오후 1시까지고, 점심은 나가서 먹고 오거나 따로 마련된 식당에서 먹으면 된다고 했다.

아이가 부모에게 감동할 때는

나는 점심시간이 되기 전 병원에 다녀오기로 마음먹고 114에 물어

근처 병원을 찾았다. 10분 거리에 정형외과가 있었다. 병원에서 피를 닦고 엑스레이를 찍었다. 발가락에 골절이 두 군데 있었다.

"깁스를 하셔야겠습니다. 이 상태로 운전하시면 안 됩니다."

대답은 했지만 그렇게 할 수는 없었다. 영재캠프 학교로 가는 길에 아들이 좋아하는 햄버거를 샀다. 한 달에 한 번 정도 특별한 날이면 아들에게 사주곤 하는데 오늘이 그런 날이다. 학교에 도착하니 점심시간 5분 전이었다. 조금 기다리니 재혁이가 들뜬 얼굴로 나왔다.

"아빠, 이렇게 재밌는 수업은 처음이에요. 한 반에 네 분의 선생님과 함께 수업했어요. 어! 아빠 다리에 깁스했네요."

"그래, 뼈에 금이 갔다고 하는구나, 깁스하면 금방 낫는다네. 아들이 좋아하는 햄버거 사왔는데 먹자."

"네? 정말요? 오늘 무슨 날이에요?"

"아빠 아들이 영재캠프에서 수업 받는 특별한 날이지."

"아빠, 고마워요."

"빨리 먹어."

"아빠는요?"

"아빠는 입맛이 없네. 얼른 먹어."

재혁이의 눈에서 눈물이 뚝뚝 떨어졌다. 아들의 눈물을 보니 내 눈시울도 뜨거워졌다. 나는 마음을 다잡고 눈물을 삼켰다.

"왜 그러니? 아들!"

"아빠, 저 때문에 아픈 발로 이곳까지 오시고…, 죄송해요."

"아니야. 아들이 행복하면 아빠는 아들보다 더 행복해. 그러니까 눈물 닦고 어서 먹어."

아빠의 마음을 알아주는 아들에게 고맙고 또 미안했다. 점심을 먹고 오후 수업이 시작됐다. 모든 수업이 끝나고 학부모에게 영재캠프 수업 결과를 알려주는 상담 시간이 됐다. 내 상담 차례가 됐다.

"안녕하세요. 재혁이 아버님, 이것은 오늘 재혁이가 받은 영재캠프 결과입니다. 캠프에 참가한 아이들 중에서 스페셜 등급을 받았어요. 재혁이가 수업 받은 아이 중에 모든 면에서 최고를 기록했어요. 정말 훌륭하게 아드님을 키우셨네요. 재혁이는 특별한 아이예요. 지금처럼 잘 지도하면 밝은 미래가 예상됩니다."

영재캠프 선생님은 학년이 올라갈 때마다 담임선생님께 재혁이의 상태를 알려주라는 당부를 곁들였다. 재혁이의 영재성에 대한 담임선생님의 이해가 필요하기 때문이라고 했다.

신뢰의 끈을 단단히 하라

재혁이를 키우면서 나름 교육 정보를 수집하고 적용하려고 노력했다. 그 노력이 효과가 있는 것 같아 뿌듯했다. 또 영재캠프 선생님께 아들을 잘 키웠다고 칭찬까지 들으니 하늘을 나는 기분이 됐다. 상담실을 나와 재혁이를 보니 더욱 기분이 좋아졌다.

"아들, 오늘 하루 어땠니?"

"네, 제 생애 제일 값진 시간이었어요. 감사해요, 아빠!"

"감사하긴 아빠가 너에게 더 감사하다고 해야겠다."

"왜요?"

"캠프 선생님께서 어떻게 키웠기에 이렇게 예쁘게 클 수 있냐고 하면서 아빠 보고 훌륭하다고 칭찬을 해주시네. 아들 덕분에 아빠가 우쭐했단다. 고마워."

"전 아빠가 제 아빠라는 것이 너무 감사해요."

"나도 네가 아빠 아들로 찾아와준 것에 너무 감사해! 엄마가 기다리겠다. 집에 갈까?"

"네, 아빠."

나는 아들과의 약속은 반드시 지켰다. 아이의 모든 삶은 부모와의 '신뢰의 끈'에서 출발한다. 내가 지키지 않은 약속 때문에 아들이 나와의 신뢰의 끈을 끊고 '불신의 끈'을 만들게 되는 것을 경계했다. 내가 바쁘다는 핑계로, 내 처지를 핑계로 아이가 내민 손을 바로 잡아주지 못하고 다음으로 미루면 아이는 불신의 끈을 만든다.

아이는 부모와 연결된 신뢰의 끈과 불신의 끈을 경험으로, 삶을 학습하고, 다른 사람과 관계를 맺어나간다. 부모와 신뢰의 끈으로 많이 연결된 아이는 다른 사람과도 신뢰의 끈을 긍정적인 마음으로 튼튼하게 연결하려 한다. 신뢰가 몸에 베인 자녀는 다른 사람으로부터 신뢰를 받으며 행복한 인생을 살 수 있는 기초가 마련된다.

반대로 불신의 끈으로 두텁게 연결된 아이는 사람 관계를 보는 눈도 세상을 보는 눈도 부정적이다. 자신의 삶을 바라보는 눈도 불신으로 가득 차게 되고 자기 삶의 행복을 위한 노력을 비관하게 된다.

부모가 자녀에게 행복할 수 있는 삶의 지혜를 온전히 물려주려면 먼저 이 신뢰의 끈부터 단단히 만들어나가야 한다.

배려하는 마음도 부모가 들여주는 습관

꿈을 위해 도전한다

초등학교 2학년 재혁이의 꿈은 과학자였다. 재혁이의 꿈은 자주 바뀌었는데 과학자는 스무 번째였다. 재혁이가 의사를 꿈꿀 때는 병과 병원 그리고 의사가 어떤 일을 하는지 함께 알아봤고, 판사가 꿈일 때는 법원과 재판, 법조계에 대해 상세히 살펴봤다. 아들이 꿈꿀 때마다 그 꿈을 깊이 있게 알려주려 최선을 다했다. 아들이 꿈을 꾸고 그 꿈을 잃지 않도록 하는 것이 내 몫이라고 생각했다.

"아빠, 과학자가 되려면 어떻게 해야 하죠?"

"호기심을 가지고 사물을 보면서 관찰도 하고 실험도 해야겠지. 과학과 관련된 책도 많이 접해야 하고."

“과학자가 좋은 이유가 있어요?”

“과학은 많은 사람들의 삶을 편리하게 해주거나 병을 고치기 위한 신약 개발에도 필요해.”

“그럼, 과학자는 언제 정해져요?”

“글쎄, 너의 관심이 시작됐을 때가 아닐까?”

“저도 과학자가 되고 싶어요. 과학자가 다니는 학교가 따로 있나요?”

“아마 고등학교부터 있겠지. 부산과학고 같은 거 말이야.”

“부산과학고를 가려면 어떻게 해야 해요?”

“부산과학고는 많은 사람들이 지원하기 때문에 너의 실력을 보여줄 수 있는 무엇인가가 있어야 하지 않을까?”

“어떤 거요?”

“예를 들면 초등학생이나 중학생은 카이스트 영재교육원을 다니는 것이 도움이 되겠지.”

재혁이는 카이스트 영재교육원에 관심을 보였다. 우리는 인터넷으로 영재교육원 누리집을 찾아 꼼꼼히 살펴봤다. 그리고 영재교육원 입학 시험에 도전하기로 했다.

도전은 즐기면서 하는 것

카이스트 영재교육원 입학 시험 날이 다가왔다. 어떻게 준비를 해야 하는지도 모른 채 시험을 맞이했다.

“아빠, 재밌을 것 같아요.”

“그럼, 결과가 어떻게 나오든지 즐기도록 해. 이것도 삶의 일부분이고 좋은 경험이 될 거야.”

“네, 알았어요.”

시험을 보기 위해 카이스트를 향해 차를 몰았다. 차를 타고 가는 내내 재혁이는 책을 읽으며 담담했지만 내 가슴은 왜 그리 뛰는지 알 수가 없었다.

나는 지금껏 가진 것 없이 평범하게만 살아왔다. 그런 내게 재혁이와 함께하는 이 특별한 상황들은 넓은 태평양 바다를 노도 없는 나룻배로 건너는 것과 같았다. 어떻게 하면 재혁이를 잘 이끌어줄 수 있을까? 아무리 생각해봐도 방법은 하나뿐이었다. 그냥 아들을 믿자. 아들의 가능성을 믿자. 마음을 가라앉히며 재혁이에게 말했다.

“아들, 파이팅!”

“아빠, 걱정 마세요. 재밌게 즐기다가 올게요.”

아들이 언제 내 마음을 들여다봤는지 나를 안심시킨다. 재혁이를 시험장 안으로 들여보내고 시험이 끝날 때까지 기다렸다. 몇 시간이 흘렀을까. 웅성거리는 소리가 들리더니 아이들이 삼삼오오 교실을 빠져나왔다. 재혁이는 한참이 지나서야 멋쩍은 표정으로 나왔다.

“그래, 수고했다. 재밌었니?”

"네, 아주 색다른 경험이었어요."

"어떤 면에서 그렇게 느꼈니?"

"제가 처음 접하는 문제와 상상할 수 없는 괴상한 문제가 나왔어요."

"그래? 너의 생각을 잘 표현한 것 같아?"

"제 나름대로 쓰기는 했는데 어떻게 될지는 모르겠어요."

"아빠는 결과보다 아들이 새로운 경험을 한 것으로 만족해."

1차 시험 합격자가 발표되는 날, 재혁이와 함께 영재교육원 누리집에 접속했다. 합격자 명단을 찬찬히 훑어봤다.

"아빠, 제 이름이 있어요."

재혁이가 먼저 자신의 이름을 발견했다.

"그래, 1차는 합격했네. 잘했다. 이제 2차 시험을 준비해야겠네."

다른 사람을 들러리로 보는 마음

2차 시험은 영어 면접과 다양한 테스트였다. 그 테스트에서 재혁이는 4인 1조가 되어 미니 보트를 설계하고 만들어서 물에 띄우는 과제 등을 받았다고 했다. 처음 접하는 문제였지만 성공했단다. 그런데 영어 면접에서는 제대로 대답을 못했다고 했다. 영어로 질문을 받았는데 말이 입안에서만 맴돌고 입 밖으로는 몇 마디 나오지 않았다는 거였다. 외국에서 몇 년씩 살다온 아이들이 많아서 자기를 빼고는 모두 영어를 잘하는 것처럼 보였다고도 했다.

재혁이는 시험을 보면서 영어 공부를 더 해야겠다는 마음을 먹었다고 했다. 나는 재혁이에게 오늘 하루는 그것만으로도 충분히 값어치가 있다고 위로해줬다.

"네. 그런데 아빠, 시험장에 김유신이라는 아이가 있었는데 안하무인한 아이였던 것 같아요."

"왜?"

"자기 아빠가 대단한 사람인 것처럼 이야기했어요. 자기 아빠가 다른 아이들이 자기의 들러리일 뿐이라고 했대요. 그리고 자기는 시험에 합격한 것처럼 말했어요."

"그래?"

"설마 카이스트에서 그런 일은 없어."

"그래요? 그럼 유신이라는 아이가 합격을 하면요?"

"싸가지는 없어도 똑똑하다는 증거겠지."

"테스트를 잘 보지 못하는 것 같았어요."

"그래, 세상에는 많은 종류의 사람들이 살고 있는데 어른이 되면서 차츰 다듬어지니까 네가 이해해줘."

재혁이가 고개를 끄덕였다. 재혁이는 김유신이라는 아이가 했던 말에 신경을 쓰는 듯했다. 나 역시 말은 그렇게 했지만 내심 김유신이라는 아이가 합격을 한다면 어떻게 말해줘야 하나 고민이 생겼다. 일주일 후에 합격자 발표가 났다. 재혁이는 합격자 명단에 없었다. 실망한 기색이 역력했다. 더욱 충격을 받은 것은 김유신이라는 아이가 합격됐다는 거였다.

“아빠, 김유신이 합격했어요. 죄송해요. 아빠”

“죄송하긴 뭘?”

“저렇게 남을 배려하지 않는 아이한테 제가 진 것 같아서요.”

“영재교육원에 김유신이 뽑힌 데는 이유가 분명 있을 거야. 아들, 우리는 다시 열심히 준비해서 다음에 도전해보자.”

영재교육원에는 떨어졌지만 재혁이에게는 좋은 경험이 됐다.

어학연수 가지 않고도
영어를 잘하는 방법

영어가 부족하다고 느꼈을 때

영재교육원에 떨어지고 재혁이의 기분은 좀처럼 나아지지 않았다. 방으로 들어가 나오지 않았다. 위로를 더 해주려 가보니 영어 책을 들여다보고 있었다.

"아빠, 나 영어를 잘하고 싶어요."

"그래, 아빠가 도와주고 싶은데 방법을 모르겠구나. 지금도 잘하고 있지만 외국에서 살다온 아이들과 실력 차이가 많이 나는 것 같구나."

영어 실력을 높이기 위해 학원을 이용할 순 없었다. 학원비를 낼 돈도 없었지만 학원이 아들의 영어 실력을 높여줄 거란 확신이 서질 않왔다. 또 아들의 교육을 학원에 맡기는 것은 아들을 방치하는 것만 같았다. 아들과 함께 영어를 공부하는 시간을 최대한 더 만들었다. 나는 아이가 좋아하고 관심을 갖는 것을 부모가 함께 공부하고 배우는 것이 더 효과가 크다고 굳게 믿었다.

대전에는 22개의 도서관이 있다. 그러나 어디에도 재혁이가 읽을 만한 영어 책이 없었다. 도서관에 읽고 싶은 도서를 신청할 수 있지만 중학영어 실력을 가진 나로서는 영어 책에 어떤 종류가 있고 아들에게 어떤 수준의 책을 읽혀야 하는지 갈피를 잡을 수 없었다.

여러 사람에게 묻고 인터넷을 검색해 대전에서 영어 책을 많이 볼 수 있는 곳을 한 곳 찾았다. 영어 책과 교재를 전문적으로 파는 서점이었다. 재혁이와 그곳에 방문해 읽고 싶은 영어 책을 고르라고 했다. 외국에서 직수입한 책이 많았다. 그러나 모두 새 책이라 가격이 만만치 않았다. 아들은 겨우 2권을 골랐다. 책값은 4만 원 정도였다. 일단 책을 샀지만 앞으로 계속 사주는 것은 무리였다. 책을 좋아하는 재혁이에게는 이 방법이 맞았지만 영어 책값을 델 생각을 하니 마음이 무거웠다.

재혁이는 새로 산 영어 책을 읽고 또 읽었다. 만화로 된 책이었다. 그러나 우리 형편을 아는 재혁이는 영어 책이 비싸다며 영어 책 서점을 다시 찾지 않았다.

값비싼 영어 과외와 학원, 엄두도 못 낼 어학연수
대신 영어도서관의 책으로 영어를 공부했다. 1권의
책을 3번씩 읽고 영어도서관에서 하는 독서지도를
받았는데, 아이의 영어 공부에 큰 도움이 됐다.

누나에게 전화를 걸어 조카가 다 본 영어 책이 있느냐고 물었다. 누나는 조카가 썼던 영어 책과 테이프 50개를 택배로 보내줬다. 재혁이와 함께 테이프를 듣고 책을 봤는데 내 수준에는 높았고 아들 수준에는 맞았다.

"아빠, 이거 정말 재밌어요."

다행이었다. 아들에게 제대로 된 영어 책을 사주지 못해 항상 미안했다. 재혁이의 영어 실력이 더 늘지 않는 것은 아빠의 뒷받침이 없어서라고 생각했다. 그래도 아들은 불평하지 않았다. 있으면 있는 것에 최선을 다했고 없으면 없는 대로 넘어갔다. 집에 있는 영어 책을 다 읽은 아들을 데리고 두 달 만에 다시 영어 책 서점을 찾았다.

"아빠, 집에 있는 영어 책 반복해서 읽으면 된다니까요."

"그래, 알고 있어. 아빠가 이 책방에 오고 싶어서 오는 거야."

재혁이와 함께 서점으로 들어가려는 찰나 내 눈을 의심하는 간판을 봤다. 영어도서관. 그냥 도서관이 아니고 영어도서관이었다. 재혁이도 영어도서관을 발견하고 놀란 표정을 지었다. 우리는 영어도서관에 들어가보기로 했다.

영어도서관은 재혁이와 나를 놀라게 했다. 책이 몇 만 권쯤은 되는 것 같았다. 궁하면 통한다고 했던가.

"아빠, 영어 책이 이렇게 많은 것은 처음 봐요."

영어 책 서가를 둘러보며 감탄하고 있는 우리 부자를 향해 어떤 사람이 다가왔다. 자신을 영어도서관 실장이라고 소개하고선 우리에게 첫 방문이냐고 물었다. 그렇다고 답하자 영어도서관을 이용하려면 우선 실력이 어느 정도인지 테스트를 받아야 한다며 우리를 안내했다.

재혁이가 테스트를 받는 동안 나는 레벨이 낮은 영어 책을 찾아 읽었다. 1시간 만에 아들이 나왔다.

"결과지를 보시면 아드님은 미국 초등학교 1학년 수준입니다. 이제 초등학교 3학년에 올라가는데, 이 정도로 나온 것도 집에서 잘하신 덕분이에요. 그런데 프리토킹은 수준이 좀 낮게 나왔어요."

재혁이의 영어 실력이 조금 더 좋게 나오길 기대했는데 살짝 낙심했다. 영어도서관은 한 달 이용료 55,000원을 내면 마음껏 영어 책을 보고 빌릴 수 있었다. 12월 9일 바로 등록을 했다. 도서관 실장은 '독서 기록장'을 주면서 책을 읽고 난 후 책에 대한 평가를 점검하고 적도록 했다. 그리고 영어도서관을 이용하는 방법과 수준에 맞는 책을 고르는 방법을 알려줬다. 재혁이는 5권을, 나는 시훈이에게 읽어줄 책 2권을 빌려 집으로 돌아왔다.

다음날부터 자동차로 30분 거리의 영어도서관에 매일 출근 도장을 찍었다. 실장은 한 권의 책을 정독하면서 세 번 이상 읽도록 했다. 영어도서관은 책의 난이도를 A부터 Z까지 구분해놓았다. 그리고 3개월마다 테스트를 해 수준에 맞는 난이도로 책을 읽을 수 있게 해줬다. 그런데 문제가 있었다. 아들이 영어 책을 읽고 난 후 이해가 됐는지 알 길이 없었다. 다시 도서관 실장에게 물으니 일주일에 한 번 영어 책 독서지도를 신청해서 받게 해줬다.

자녀교육의 동지

영어도서관을 만난 것은 나와 재혁이에게 영어를 정복할 수 있는 또 하나의 기회가 됐다. 다양한 영어 책과 독서지도는 재혁이의 영어 공부에 단비가 됐다.

내게도 단비가 내렸다. 영어도서관에 다닌 지 3주가 되었을 때였다. 재혁이가 떨어졌던 영재교육원 시험장에서 잠깐 마주쳤던 언어 영재 재형이 아빠를 만났다. 반가운 마음에 먼저 인사를 건넸다.

"안녕하세요. 재형이도 여기 영어도서관 다녀요?"

"네. 한 번 다녀보려고요."

재형이 아빠와 얘기를 나눠보니 교육관도 비슷하고, 형편이 부족한 가난한 처지도 서로 비슷했다. 우리는 금방 생각과 마음이 통했다. 영어도서관이 인연이 돼 재형이 아빠와 두 달에 한 번씩 만나 세상 사는 얘기와 자녀교육에 대한 정보를 주고받았다. 마침 재형이도 재혁이와 같은 나이라 금방 친구가 됐다. 두 아이는 우리가 만날 때 함께 나와 마치 오래된 친구처럼 얘기를 나눴다.

"난 이거 설명서 안 보고 맞출 수 있을 것 같아."

"그래, 나도 시간이 주어지면 가능할 것 같은데."

큐브 장난감 맞추기를 하면서 둘은 서로에게 지지 않으려 했다. 우리는 그 모습을 보면서 웃었다.

재형이 아빠는 아들을 위해서 나보다 10배 이상 발로 뛰는 사람이었다. 내가 감히 따라 갈 수 없는 자녀교육의 내공을 지니셨다. 내가 자녀교육에 쏟을 에너지가 떨어지고 힘이 필요할 때는 항상 재형이 아빠에게 전화를 걸었다.

"재형이 아빠, 다음주에 술 한잔 해요."

우리는 자주 만나 자녀교육 문제를 안주 삼아 얘기를 나눴다.

네 번째 3년,

세 상 에 스 스 로 서 기 를
꿈 꾸 는   시 간

부모의 인생,
아이의 인생

미안해, 고마워

:

신뢰를 받고 자란 자녀는 땅속 깊이 뿌리를 내리고

모진 비바람에도 견딜 수 있는 힘을 기른다.

그 힘으로 자신의 길을 스스로 열어나간다.

나는 아들에게 그런 힘을 주고 싶다.

아들을 믿으면 아들은 스스로 자기의 길을 걸어나갈 용기를 냈다.

아이의 자신감을 키워주는 말

베껴 쓰는 영어일기

글쓰기를 좋아하는 편인 재혁이는 일주일에 두 번 정도, 하루 중 기억에 남는 일을 일기로 써왔다. 영어도서관을 다니기 시작한 겨울, 나는 재혁이에게 영어일기 쓰기를 권하기로 마음먹었다. 영어로 일기를 쓰면 직접 자신이 했던 생활 경험을 생각하면서 적기 때문에 기억에 오랫동안 남을 것 같았다.

영어도서관에서 영어일기 책을 찾아 빌려와서 재혁이에게 워드로 빨리 입력하기 시합을 제안했다.

"우리 누가 이 책 빨리 치나 시합할까?"

재혁이가 솔깃하는 눈치였다. 이즈음 재혁이는 나보다 타자를 잘 쳤다. 어렸을 때는 내가 일부러 져줬지만 이제는 이기려 노력해도 재혁이를 이기지 못했다. 재혁이는 타자 치기에 자신만만했다.

"아빠, 저에게 이길 수 있을 것 같아요?"

"물론이지, 난 아빠니까."

재혁이는 자기가 시합에서 이기면 소원을 하나 들어달라고 했다. 이번 주 토요일 대전과 포항이 붙는 축구 시합을 보러가고 싶다는 거였다. 나는 거실 청소를 걸었다. 시합의 승리자는 재혁이였다.

"아빠, 봐주신 거예요?"

"그럼, 아빠가 봐주면서 하니까 재혁이가 이긴 거지. 못 느꼈니?"

"아닌 것 같은데요."

"아빠가 연습을 안 해서 그런지 실력이 줄었나 보다."

"이제 제가 조금 져드릴까요?"

"됐거든, 너 학교 갔을 때 연습할 거야."

"알았어요. 그런데 이 책은 무슨 책이에요?"

"아빠가 도서관에서 빌려온 영어일기야. 아들, 영어도 익힐 겸 일기를 영어로 써보는 건 어때?"

"영어일기를 어떻게 써요?"

"우선 다른 친구가 쓴 일기를 베껴쓰면서 연습하면 될 것 같은데?"

"다른 친구가 쓴 일기가 어디 있어요?"

"도서관에서 찾아보자. 그곳에 가면 있을 거야."

주말에 아들과 함께 도서관에 갔다. 아이들이 직접 쓴 영어일기 책은 찾기 어려웠다. 그나마 영어 선생님들이 쓴 일기가 있었는데, 아이들의 생각과 실제 생활과는 동떨어진 내용이 많았다. 그러나 선택의 폭이 좁으니 할 수 없는 노릇이었다. 쉬운 문장으로 돼있는 영어일기 책 5권을 빌려왔다. 재혁이는 그 책을 컴퓨터로 입력하며 영어일기를 어떻게 쓰는지 익혔다.

초등학교 2학년 겨울방학부터 영어일기를 쓰기 시작한 재혁이는 처음에는 세 줄을 넘기지 못했다. 그나마도 영어일기 책을 보고 쓴 것이었다. 그러나 한 달, 두 달이 지나면서 한 줄씩 늘어났다. 형식은 자유로웠다. 문법에 맞게 제대로 된 문장을 적고 있는지 알 수는 없었지만 영어일기를 꾸준히 써나갔다.

칭찬과 설득

영어일기를 쓰며 겨울을 보내고 2010년 3월 봄이 왔다. 재혁이는 이제 3학년이 됐다. 첫 등굣날, 재혁이의 새 담임 선생님께서 일기 검사를 매일 한다고 하셨다. 나는 재혁이에게 학교에 제출하는 일기도 영어로 쓰면 어떻겠냐고 물었다. 재혁이가 좋다고 했다. 자신이 쓴 영어일기를 선생님이 봐주는 것에 큰 기대를 했다.

> **── 3년의 비결 43 ──**
> 영어책으로 영어를 읽고 쓰는 공부는 할 수 있었지만 자신의 의사를 나타내는 영어 말하기와 쓰기는 공부할 수 없었다. 이를 보완하기 위해 영어일기를 제안했고, 다른 사람의 일기를 베껴 쓰는 것으로 시작하면서 영어일기 쓰기에 대한 부담을 줄였다.

처음으로 영어일기장을 낸 날, 담임 선생님이 재혁이의 일기장에 코멘트를 달아 주셨다.

"와! 대단해요. 어떻게 이렇게 영어일기를 잘 쓰죠? 대단한 실력입니다. 오늘도 특별하고 즐겁길."

선생님의 한마디가 재혁이에게 큰 힘이 됐다. 재혁이는 영어일기 쓰기에 점점 더 자신감을 가졌다.

학교를 마치고 돌아온 재혁이와 얘기를 나눴다. 학기 초라 그런지 재혁이는 어쩐지 할 얘기가 많아 보였다.

"아빠, 오늘 반에서 친구가 왕따당하는 것을 봤어요."

요즘 아이들의 '왕따 문제'가 심각하다는 얘기를 심심찮게 들어왔기에 덜컥 걱정이 됐다.

"그래? 누구 말이니?"

"경호라는 친군데 반 아이들이 괜히 시비를 걸어요."

"재혁이가 봤어?"

"네. 그런데 모두 경호 편을 들지 않아요. 경호는 공부도 못하고 말도 조금 어눌하게 해요."

"친구끼리 그러면 안 되지."

내 말에 용기를 얻었는지 재혁이가 말을 이었다.

"그렇죠? 그래서 제가 경호 편을 들면서 애들한테 그러지 말라고 했어요."

재혁이의 용기는 가상했지만 물불을 가리지 못하는 아이들이라면 재혁이도 함께 왕따당할 것 같아 더욱 걱정이 됐다.

"그러다가 너도 왕따당하면 어떡하려고 그랬니?"

"친구들이 제 말은 잘 들어요. 제가 조리 있게 설명해서 친구들을 설득했어요."

재혁이가 나보다 의젓했다. 자신이 반 회장이니까 바른 소리를 해야 한다며 오히려 나를 설득하고 안심시키려 했다. 그래도 안심이 되지 않았던 나는 며칠이 지난 후 다시 물었다.

"요즘은 경호랑 친구들이 사이좋게 지내고 있니?"

"네."

재혁이는 경호와 친하게 지내면서 친구들이 경호를 왕따시키지 못하도록 보호해줬단다. 또 경호의 집에 놀러간 친구 1호가 됐다며 뿌듯해했다. 재혁이의 얘기를 가만히 듣다가 나는 그 얘기를 오늘 일기에 적을 거냐고 물었다.

"당연하죠. 1호니까요."

"최선을 다할게요"

재혁이가 한자, 컴퓨터, 영어 등 다방면에 특출한 영재로 알려지면서 2010년 8월 TV방송 프로그램인 〈영재의 비법 리얼스터디〉에서 촬영

요청이 들어왔다. 아들의 한자와 상식, 영어를 테스트해보고 싶다고 했다. 한자 대결 상대는 카이스트 대학원생, 상식 대결 상대는 카이스트 대학생 3명이었다. 영어는 원어민 선생님과 태양계에 대해 토론을 벌이기로 했다.

"아들, 형들과 시합하게 된 느낌이 어때?"

"제가 이길 수 있을지 모르겠지만 최선을 다할게요."

첫 번째 시합은 한자 대결이었다. 시험 시작을 알리는 소리에 맞춰 아들은 한자 문제지의 빈칸을 채워나가기 시작했다. 재혁이의 공부 특징은 '몰입'이다. 한자에 관심이 있으면 몇 개월을 한자에 빠져들고, 영어를 시작하면 영어에 빠져들었다. 하지만 관심이 줄어들면 그만큼 시간을 쏟지 않았다. 3살부터 공부한 한자는 손을 뗀 지 오래돼 걱정이 됐다. 그런데도 한자 대결에서 대학원생 형을 가볍게 따돌렸다. 재혁이가 스스로를 자랑스럽게 여기는 표정을 지었다. 나는 그 표정을 보고 혹시나 자만심을 갖게 될까 재혁이에게 말했다.

"아들, 형은 공부하는 분야가 수학 쪽이라 한자와 관련이 적어서 그렇지 훌륭한 분이라는 걸 알지?"

"알아요. 형이 봐주신 것 같아요."

다음은 상식 대결이었다. 문제를 내면 대학생 형들은 셋이 의논을 해서 정답을 쓰도록 했다. 재혁이에게는 불리한 시합이었다. 총 10문제를 풀었다. 1번 문제는 경영최고책임자의 약자 CEO를 풀어쓰는 문제였는데 재혁이와 대학생 형들의 정답이 같았다. 그 후엔 대학생 형들이 고

재혁이는 TV방송 프로그램을 촬영하면서 대학원생 형과 한자 대결을 펼쳤다. 자격증을 딴 후, 한동안 한자 공부를 하지 않았지만, 재혁이가 스스로 원해서 몰입했던 한자 공부의 효과는 오래갔다. 아이들은 자신이 좋아해서 한 일들을 오래도록 기억한다. 그것은 공부도 마찬가지였다.

전하면서 점수는 10대 3, 재혁이가 승리했다.

재혁이가 상식 대결에서도 형들을 이긴 것이 나도 놀라웠다. 재혁이가 신문을 좋아하기 시작한 것은 글자를 깨치면서부터다. 내가 신문을 볼 때면 항상 신문지 위에 진을 쳤다. 내가 큰 글자를 읽어주면 아들은 따라 읽었다. 신문을 보면 세상사를 한눈에 볼 수 있다. 이것은 다 큰 어른이나 아이의 눈에도 다를 바가 없나 보다.

두 번의 대결에서 모두 승리한 재혁이는 이어진 원어민 선생님과의 영어 토론도 자신 있게 임했다.

함께 출연한 원어민 영어 선생님은 아들과의 대화를 끝내고 칭찬을 아끼지 않으셨다. 지금 미국에서 같은 학년에 들어가 공부를 해도 아무런 문제가 없다는 것이었다.

프리토킹이 재밌다

〈영재의 비법 리얼 스터디〉를 촬영하면서 원어민 선생님과 대화를 해본 재혁이는 원어민과 1대 1 프리토킹을 하는 데 큰 흥미를 가졌다. 마침 어린이집에서 새로 채용한 선생님이 필리핀 화상영어 사업을 부업으로 하고 있어 재혁이도 그 수업을 받기로 했다.

화상영어 수업을 하면서 재혁이는 영어에 더욱 흥미를 느꼈다. 인터넷으로 실시간 얼굴을 보면서 수업을 받으니 더욱 좋았다. 특히나 아들이 배정 받은 노바(Nova) 선생님의 열정이 대단했다. 모르는 것을 친절하게 설명해주는 모습이 아들과 연애를 하는 것 같은 착각을 일으킬 정도였다.

화상영어 수업 첫날, 노바 선생님과 간단한 인사를 하고 수업을 시작했다. 재혁이는 대화 도중 선생님의 말을 잘 알아듣지 못해 'What?' 'So What?'을 연발했다. 그때마다 노바 선생님의 표정이 굳어졌다. 재혁이는 영문을 모른 채 노바 선생님의 반응에 긴장했다.

두 번째 채팅 때도 마찬가지였다. 참다못한 선생님께서 'So What'을 지적하며 대신 'Pardon'을 사용하라고 고쳐줬다. 그제서야 우리는 'What?'은 '뭐라고?' 'So What?'은 '그래서 뭐?'라는 뜻이란 걸 알았다. 노바 선생님의 표정이 굳어졌던 것은 재혁이가 말을 잘 알아듣지 못해서가 아니라 'So What' 때문이었다.

필리핀은 우리와 시차가 한 시간 정도 늦다. 재혁이의 수업시간은 8시 35분이었다. 7시 50분에 퇴근을 했는데 아들이 자고 있었다. 아내는 재혁이가 8시 20분에 깨워달라고 했다며 자게 내버려두라고 했다. 나는 샤워하러 욕실로 들어갔다.

"빨리 나와야 해요. 40분 있으면 영어 수업 시작해요."

집이 좁다 보니 욕실 문 맞은편에 컴퓨터가 설치돼 있었다. 화상 수업이 시작되면 길이 좁아 지나갈 수도 없었다. 욕실로 들어가서 샤워를 하려다 말고 피곤함을 풀기 위해 욕실에 물을 받았다. 따뜻한 물에 몸을 담그고 있으니 나도 모르게 눈이 감겼다. 얼마나 잤을까? 물이 차가워져 있었다. 시간이 많이 흐른 것 같았다. 그래서 다시 따뜻한 물을 채

우면서 목욕을 했다. 밖에서 '화상 수업 시작하니까 아빠 나오시지 마세요'라고 말하는 아들의 목소리도 못 들은 채. 목욕을 끝내고 욕실 문을 활짝 열고 나온 내게 재혁이가 고함을 쳤다.

"아빠, 뭐 하세요?"

맙소사! 나의 알몸이 웹 카메라와 인터넷을 타고 필리핀의 노바 선생님에게 전송됐다. 화들짝 놀라 다시 욕실 문을 닫았지만 이미 엎질러진 물이었다. 아들이 마이크 스위치를 끄고 말했다.

"아빠 알몸을 노바 선생님께서 다 보셨어요. 선생님이 놀라시면서 미안하시대요."

뭐가 미안하지, 내가 미안한 것 아닌가? 수업 중에 본의 아니게 바바리맨이 됐으니 말이다.

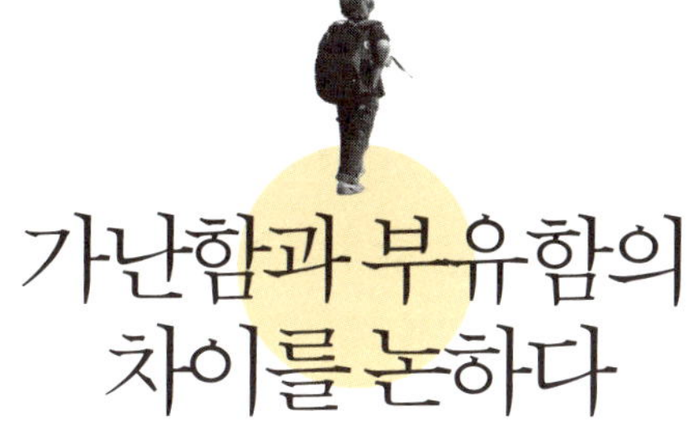

가난함과 부유함의
차이를 논하다

"우리는 가난한가요?"

서울에 처형이 살고 있다. 서산에 살고 계신 장모님 생신을 이곳에서 끝내고, 대전으로 출발하려고 했다. 아들은 요즘 부쩍 어떻게 부자가 될 수 있는지 자주 질문했다.

"아빠, 우리는 가난한가요? 부자인가요?"

"넌 어떻게 생각해?"

"부자는 아니라고 생각해요."

"왜 그렇게 생각해?"

"부자는 돈이 많잖아요. 우리는 돈이 많지 않은 것 같아요."

"돈이 어느 정도 있어야 부자라고 생각해?"

"글쎄요. 5억 정도면 부자일까요?"

"왜 5억이야?"

"1억으로 집 장만하고, 1억은 적금 들고 1억은 주식 투자하고, 금값이 많이 오르니까 2억은 금을 사두면 될 것 같은데요."

분산 투자를 한다는 얘기였는데, 재혁이는 이것을 신문에서 읽었다고 했다.

"아빠가 생각하는 부자는, 가진 것이 없어도 현실에 만족하며 어려운 사람에게 베풀 수 있는 사람이라고 생각해. 물론 돈의 정도를 따진다면 30억 이상은 가지고 있어야 하지 않을까?"

"왜 30억이에요?"

"금융 자산 10억, 비금융 자산 20억 정도로 생각해."

"그래서 우리는 어디에 속해요?"

"돈으로 따진다면 당연히 부자에 속하지 않지만 마음만은 부자라고 생각해. 우리 가정보다 행복한 집은 없는 것 같거든. 너, 우리 가족보다 서로를 위해주고 사랑해주는 가족 봤어?"

"다른 집을 가보지 않아서 몰라요."

"아빠는 컴퓨터 방문교사를 할 때 집집마다 수업하러 다니면서 봤기 때문에 잘 알고 있어. 그래서 자신 있게 말하는 거야."

"그래요?"

"그럼! 아빠는 진실만을 말해."

이 세상은 우리가 알고 있는 것 이상으로 복잡하고 살아가기 힘든 곳이다. 충분한 돈을 가지고 있는 사람에게는 별로 중요하지 않겠지만 콩나물 하나를 사더라도 조금 더 많은 것을 고르는 처지에 놓여본 사람에게 가난은 지긋지긋함 그 자체다. 그러나 아들에게 그런 마음까지 보여주고 싶지 않았다.

"아빠, 서울에는 부자들이 많죠?"

"그래. 왜?"

"부자들이 사는 동네가 궁금해서요. 가봐도 돼요?"

우리는 서울에서 부자들이 많이 산다는 강남에 잠깐 들렀다 가기로 했다.

부와 명예를 물려주는 부모

부자들이 사는 동네는 어떻게 생겼을까? 나도 궁금했다. 뭐가 다를지 호기심을 안고 강남 대치동에 있는 아파트를 찾아갔다. 아파트 놀이터가 한산했다. 그때 한 아이가 어딘가로 뛰어가는 모습이 보였다.

"아들! 쟤는 어딜 저렇게 가는 걸까?"

"글쎄요. 학원 가방을 들고 있어요."

"여긴 일요일에도 학원을 가나 보네?"

"그럴 수 있죠. 주 중에 배우지 못한 것을 배우거나, 다른 애들보다 앞서 나가고 싶어서 가겠죠."

나보다 재혁이가 더 잘 아는 듯했다.

"그런데 여기는 사람이 살지 않는 곳처럼 느껴지네? 아까 그 아이 말고는 사람들이 안 보여."

"사람들이 모두 어디 갔을까요? 여긴 사교육 1번지라고 가끔 뉴스에 나오잖아요."

"그래, 교육열이 대단한 곳이지."

"그럼, 모두 공부하느라 밖에 나오질 않는 걸까요?"

"그럴 수도 있고 여행을 갔거나 체험학습 중일 수도 있겠지."

"아빠, 조금은 삭막한 느낌이 들어요."

"아빠도 그런 생각이 드는구나. 우리가 사는 동네와는 분위기가 다른 것 같지?"

"전에 TV에서 자녀교육 때문에 사람들이 이곳으로 이사 온다는 얘기를 들었어요."

"그래, 교육환경이 좋아서 아파트 값도 제일 비싼 곳이지. 하지만 조금 전에 그 아이의 표정은 그렇게 밝아 보이지 않는 것 같구나."

"학원 가기 싫어서 그런 표정일까요?"

"아빠도 궁금하네."

"여기 아파트는 얼마나 비싸죠?"

"우리가 살고 있는 아파트보다 10배 이상일걸."

"아빠, 우리는 여기로 이사 올 수 없겠네요?"

"그렇지, 우리가 가진 돈으론 전세도 얻을 수 없을 거야. 하지만 굳이

부자 동네를 보고 싶다는 재혁이와 서울 강남의 한
아파트를 찾았다. 일요일에도 텅빈 놀이터와 학원
가방을 들고 뛰어가는 한 아이를 보면서 재혁이는
삭막한 느낌을 받았다. 재혁이는 부자 부모와 가난
한 부모의 차이를 뿌리 깊이 이해하지 못했지만, 그
차이가 놀이터에서 노는 아이들 숫자의 차이와 관
계가 있다는 것을 어렴풋이 짐작했다.

교육 때문에 이런 곳까지 이사를 와야 될 필요는 없어 보이는데?"

"왜요?"

"아들은 여기 살지 않아도 대전에서 지금껏 잘하고 있잖아. 그치?"

"네. 어디에 사는 것이 중요한 것이 아니라 얼마나 열심히 즐기면서 하느냐가 더 중요한 거죠?"

"그래, 맞다. 무슨 일이든지 마음먹기에 달려 있지. 돈이 많아서 여기로 이사 온다고 해도 아들이 엉뚱한 생각을 가지고 있다면 이사 온 이유가 없어질 테니 말이야."

"그런데 아빠, 여기 아파트와 우리 동네 아파트에 다른 점이 있어요."

"뭐가 다르지?"

"집에 도착해서 설명해도 될까요?"

"그래."

우리는 대전으로 출발했다. 큰아들은 조금 전에 들렀던 대치동 아파트가 궁금했는지 차 안에서 다시 질문을 이어갔다.

"아빠, 그 아파트에 살고 있는 사람들은 어떤 사람들일까요?"

"일단 돈이 많겠지."

"왜요?"

"아파트 가격이 비싸니까."

"그리고요?"

"관리비와 유지비가 많이 드니까 현재 벌고 있는 돈도 많을 거야."

"네. 그곳에 사는 사람들의 직업은요?"

"국회의원이나 의사, 변호사 같은 사람들일 수도 있고, 부모에게 많은 재산을 물려받은 사람이 살 수도 있겠지."

평범한 사람보다 돈이 많은 사람들이 모여 사는 아파트, 아들에게 덤덤히 설명했지만 씁쓸했다. 우리는 서울을 빠져나와 경부고속도로를 달리기 시작했다.

아파트 놀이터의 아이들

"아빠, 저기를 보세요. 아파트들이 많이 세워지고 있어요."

많은 사람들이 서울로 모여들지만 살 곳이 부족해 서울 외각과 근교 도시에 아파트를 짓는 거라고 답해주니 재혁이의 질문이 또 이어졌다.

"사람들은 왜 서울로 모여 들어요?"

"우리나라 경제, 정치, 문화, 교육의 대부분이 서울에 집중돼 있고 일자리도 많이 있으니까 그런 것 같은데."

"학생들도 서울에서 다녀야 좋은 건가요?"

"꼭 그런 것은 아니지만, 서울에 있는 대학을 졸업하면 지방대를 졸업한 것보다는 취직에 유리할 때가 많아."

"그럼 저도 서울에 있는 학교를 다녀야 하나요?"

"넌 하버드 대학이 목표잖아."

"깜박했어요. 아빠, 부자들은 어떻게 아이들을 키울까요?"

"글쎄, 자기가 가진 부와 명예를 놓치지 않고 또 자녀에게 물려주려고 자녀에게 많은 투자와 노력을 하겠지."

"어떤 투자와 노력인가요?"

"그보다 앞서, 생각뿌리가 다른 것 같은데?"

"생각뿌리라뇨?"

"자녀교육에 대한 근본적인 생각이 다른 것 같아. 지금 부자들의 아버지가 그랬고, 그 아버지의 아버지가 그랬듯, 자녀교육을 첫 번째로 생각하거든. 왜냐하면 가난한 사람들처럼 먹을 것을 가지고 고민하지는 않으니까 말이야."

"무슨 말인지 잘 이해가 안 되는데요."

"그래? 넌 아직 어려서 이해하기 힘들 수 있어. 부자 부모들과 가난한 부모들은 자녀교육의 방법은 물론 마음가짐에도 차이가 있어."

가난한 부모의 삶은 매일이 전쟁이다. 몸과 마음이 지치고 피곤해진 상태로 직장에서 돌아온다. 아이에게 잘해주고 싶고, 교육을 위해 신경 쓰고 싶지만 마음처럼 하지 못한다. 자녀의 미래보다 당장 오늘을 걱정해야 하는 가난한 부모에게 자녀교육은 후순위로 밀릴 수밖에 없다. 그러나 부자 부모들은 다르다. 먹고사는 문제로 전쟁을 치룰 필요가 없는 그들은 삶에 여유와 자신감이 있고, 자녀의 미래를 위해 오늘을 투자한다. 부자 부모에게 자녀교육은 최우선 목표다. 이렇듯 자녀교육에 임하는 뿌리가 다르기에 부자 부모와 가난한 부모의 자녀교육에 차이가 생기는 것이라고 생각했다.

재혁이와 이야기를 나누다 보니 어느덧 대전 IC를 지나 집에 도착했다. 우리는 아파트 주차장에 차를 주차했다.

"아빠, 저를 따라와보세요."

오는 내내 재혁이와 나의 대화를 듣기만 했던 아내는 둘째 시훈이를 데리고 먼저 집으로 들어가겠다고 했다. 재혁이가 내 손을 잡아 이끌고 간 곳은 우리가 살고 있는 아파트의 놀이터였다.

"보세요. 여긴 애들이 별로 없어요."

정말로 놀이터에는 아이들이 없었다. 황량한 분위기마저 느껴졌다.

"그런데 옆 단지 놀이터는 여기랑 달라요."

옆의 임대 아파트 단지 놀이터를 둘러봤다. 놀이터에 아이들이 많이 있었다.

"아빠, 아이들이 여기 훨씬 많이 놀고 있죠?"

"그렇구나."

우리 아파트 단지와 임대 아파트 단지의 세대수는 비슷했지만 노는 아이들의 숫자는 확연히 차이가 났다. 놀이터에 있는 아이들의 숫자에 차이가 나는 원인은 여러 가지가 있을 수 있다. 하지만 자녀교육에 대한 생각뿌리가 다르기에 놀이터에서 놀고 있는 아이들의 숫자에 차이가 나는 것은 아닐까?

가난한 부모가 부자 부모를 이길 수 있는 교육

3년의 효과

"아빠, 오늘 독해력경진대회 결과가 발표 났어요."

차를 탄 아들이 대뜸 말했다. 2학기가 시작되고 재혁이는 학교 대표로 대전교육청 주관 독해력경진대회에 나갔다. 그때 본 시험 결과가 오늘 나온다고 했다. 시험을 봤던 날 집으로 돌아와 너무 어려웠다고 했으니 좋은 점수와 등수를 받지 못했을 게 분명했다. 아들을 위로할 말을 찾았다.

"그래, 결과에 너무 연연하지 말고 좋지 않은 결과라도 아빠가 힘내라고 맛있는 저녁 사줄게."

"정말이에요?"

"그럼, 정말이지."

"저 몇 등 했는지 알아맞혀보세요."

"몇 명이 시험을 봤지?"

"우리 학교에서 4명이 출전했고, 시 전체로는 88명이 봤어요."

"44등쯤 하지 않았을까?"

재혁이가 피식 웃었다.

"아들을 그렇게밖에 안 보세요? 조금 더 높게 평가해주세요."

"좋다. 반으로 뚝 잘라서 22등쯤 했니?"

"조금만 더 올려주세요."

"그래? 다시 반으로 뚝 잘라서 11등쯤 했니?"

"11등에서 앞에 있는 십의 자리수를 빼세요. 그게 제 등수에요."

"1등?"

재혁이가 1등 상장을 꺼내 보여줬다. 너무 기뻤다. 생활이 넉넉지 않아 독서 학원에 보내주지도 못했다. 그런데 논리력과 독해력을 측정하는 시험에서 1등을 했다. 아들이 너무 고마웠다. 집으로 차를 모는데 눈시울이 뜨거워졌다.

임신 중 읽은 책과 자궁대화, 책의 바다에 빠져 무작정 책을 읽어달라고 떼를 부린 아들을 위해 6개월을 아내와 번갈아가며 새벽까지 책을 읽어준 일, 도서관을 내 집처럼 드나들었던 일, 대형마트를 갈 때 항상 먼저 들렀던 서점 코너, 독서 타임 푯말 등이 헛된 게 아니었다.

자궁대화에서 책을 읽어주기 시작한 후 10년 만에, 독서의 바다에 빠

지기 시작하고 8년 만에, 독서 타임 푯말을 달아놓은 지 3년 만에 얻은
결과였다.

집으로 돌아와 아들이 쓴 영어일기를 펼쳐봤다. 첫날 쓴 일기장과 최
근 날짜의 일기는 단어 구사나 문장이 확연히 차이가 났다. 모든 것이
부족한 부모 밑에서 재혁이가 이렇게 커가고 있는 것이 너무 고마웠다.
또 미안했다.

독서는 강력한 무기다

재혁이가 영어일기를 쓰기 시작한 지 1년이 다 됐다. 처음보다 잘 쓰
고 있었지만 제대로 영어일기를 쓰고 있는지 걱정이었다. 하지만 나
는 틀린 것을 수정하고 지도할 수 있는 실력이 없었다. 아들에게 자꾸
만 미안한 일이 많았다. 영어도서관 실장에게 자문을 구했다. 도서관 3
층에서 상위 클래스 수업을 맡고 계신 윤 선생님께 물어보라고 하셨다.
윤 선생님은 사무실에서 업무를 보고 계셨다.

"윤 선생님 아들 영어 일기장인데 틀린 곳이 있는지 부족한 곳이 있
는지 좀 알려주세요. 제가 영어가 짧아 아들을 지도해줄 수가 없어요.
부탁합니다."

윤 선생님은 흔쾌히 시간을 내주셨다. 아들의 일기장을 한 장도 빠짐
없이 읽어보시던 선생님은 일기장을 내려놓고 말씀하셨다.

"어휴, 너무 잘 쓴 일기에요. 문장이 너무 완벽해요. 여기 도서관과

연계된 학원이 3개고 학생은 총 600명이 되는데 이렇게 잘 쓴 영어일기는 없는 것 같아요. 그것도 3학년이 말이죠."

선생님의 칭찬에 나는 쑥스러워졌다. 1년 만에 영어에 자유로워졌다는 것이 믿기지 않았다. 2009년 12월 9일에 등록해서 하루 3권에서 15권 정도 영어 책을 읽었다. 모두 많지 않은 분량의 영어 책이었다. 분량이 짧았기 때문에 쉽게 읽을 수 있었다. 그리고 1권의 책을 반복해서 3번씩 읽었다. 이렇게 반복적으로 읽은 책을 포함해서 3,000권의 책을 1년 만에 읽었다. 재혁이가 영어일기로 자신의 생각을 자유롭게 표현하고 원어민 수준의 대화를 구사하는 것은 '책 읽기의 꾸준함'이 주는 선물이었다.

다시 태어나도

이제 12살이 된 재혁이와 TV뉴스를 봤다. 아랍의 독재정권이 자유를 갈구하는 민중에 의해서 무너지는 뉴스가 나오고 있었다. 재혁이는 아랍 나라들의 민주화에 관심이 많았다. 재혁이뿐 아니라 5·18 민주화 항쟁을 겪어보지 않은 요즘 아이들에게 아랍에서 들려오는 평화의 소식이 좋은 경험이 될 것 같았다. 그런 아들을 보니 마음 한구석에서 나라에 대한 자부심이 피어올랐다.

"아빠는 다시 태어나면 대한민국에서 태어날 거예요?"

"뜬금없이 그게 무슨 질문이야?"

"대한민국이 좋으세요?"

"그렇지. 아빠가 어릴 때는 북한에서 태어나지 않은 것만으로도 고마
워했지."

"왜 그런 생각을 했어요?"

"아빠가 어린 시절에는 TV에서 만화영화를 많이 보여줬는데, 북한
사람들이 늑대의 모습으로 나올 때가 많았어. 그래서 북한에서 태어나
지 않은 것 자체를 고마워했지. 아빠가 어릴 때는, 북한 사람들이 진짜
늑대처럼 생긴 줄 알았어."

"정말요?"

"그럼! 넌 다시 태어나면 어떤 나라에서 태어나고 싶어?"

"전 다시 태어나도 대한민국에서 태어나고 싶어요."

"왜?"

"우선 내가 원하는 것은 마음껏 먹을 수 있고, 도서관이 있어 내가 좋
아하는 책을 마음껏 볼 수도 있고, 신나는 대공원도 얼마든지 갈 수 있
고, 무엇보다 대한민국은 자유민주주의 국가잖아요."

"그렇구나."

옆에서 얘기를 듣고 있던 시훈이가 갑자기 울기 시작했다.

"둘째 아들, 왜 울어?"

"왜 모두 죽는 얘기만 해요?"

5살 시훈이에겐 이해하기 힘든 대화였나 보다. 나는 시훈이를 안고
미안하다고 토닥여줬다.

“난 아빠가 죽으면 아빠 무덤 위에서 뛰어놀 거예요. 그리고 풀도 뽑아줄 거예요.”

아빠와 형의 얘기를 듣기는 들었지만 반만 이해가 된 둘째 시훈이가 하염없이 눈물을 흘렸다.

“전 기죽지 않아요”

재혁이가 4학년으로 올라가기 전, 이사를 했다. 재혁이가 영어도서관을 다니며 영어 공부에 빠져들고 있었기 때문에 도서관 근처로 아예 집을 옮기기로 한 것이다. 새로 이사한 집은 영어도서관 바로 옆이었다. 빠듯한 살림에 쉽지 않은 결정이었지만 두 아들을 위해서 우리는 꼭 필요하다고 생각했다.

재혁이가 4학년이 되는 3월 2일에 대전한밭초등학교로 전학시켰다. 한밭초등학교는 대전교육청에서 영재교육 시범학교로 최초로 지정한 학교였다. 이곳은 대전 교육의 중심이자 대전의 강남이라고 불렸다. 그 명성에 걸맞게 이 학교의 학부모들은 의사 같은 전문직에 종사하는 경우가 많았고, 그만큼 치맛바람도 거셌다. 아이들은 방학이면 외국으로 어학연수를 떠나는 것이 기본이었다.

학교 분위기를 파악하기도 전에 선생님께서 반 회장선거를 한다고 공표했다.

“아빠, 회장 선거에 출마하고 싶은데 우리 반은 벌써 은혁이라는 아이가 회장이 된 것처럼 분위기가 흘러가고 있어요."

"왜 그럴까?"

"은혁이가 미국에서 왔고, 영어도 잘하고 아주 똑똑한 것 같아요."

"미국에서 왔다면 영어는 잘하겠구나. 하지만 우리 아들은 미국에서 살지도 않았는데 영어에 자신 있잖아. 기죽지 마."

"전, 기 안 죽어요. 그리고 저도 선거에 출마할 거예요."

"분위기가 은혁이에게 기울었다면서 도전해보려고?"

"부딪혀보지도 않고 포기할 순 없어요. 도전을 해봐야죠."

"그렇구나. 최선을 다하면 뜻밖에 좋은 결과가 나올 수도 있지. 선거는 어떻게 진행되니?"

"회장에 출마하고 싶은 사람은 연설문을 준비하래요."

"그래? 그럼 아빠가 연설문 쓰는 것 도와줄까?"

"아니요. 저 혼자 쓸게요. 아빠는 검토만 해주세요."

"그래. 알았다."

한참을 연설문 쓰기에 매달리더니 나를 불렀다.

"완성했어요. 좀 봐주세요."

"어디 보자. 꽤 잘 썼구나. 그런데 너무 길지 않을까?"

"제가 하고 싶은 말을 넣다 보니 조금 길어졌어요."

“연설은 보고 할 거야? 외워서 할 거야?”

“보고 할 건데요.”

“네가 쓴 거지만 일단 외워서 연설을 하고, 생각이 나지 않는 부분만 보고 하면 어떨까? 종이를 보고 읽으면 성의가 없어 보이고 네 생각이라고 생각하지 않을 수도 있지 않을까?”

“종이를 보지 않고 한다면 믿음이 더 간다는 말씀이시죠? 알았어요. 외운 뒤에 아빠 앞에서 해볼게요.”

반 분위기나 학교 분위기를 봐서는 재혁이가 당선될 가능성이 없어 보였다. 어떤 위로의 말을 해줘야 할지 준비해야 했다.

“아들, 최선을 다하지만 떨어져도 너의 탓은 아닌 것 알지? 전학온 지도 일주일 밖에 안 됐잖아.”

재혁이는 내 생각과 달리 회장 당선을 기대했다. 그도 그럴 것이 재혁이는 2학년 때부터 줄곧 회장을 놓친 적이 없었기 때문이었다. 이번에도 회장이 돼 반을 위해 봉사하고 싶다고 했다.

“연설할 때 평소처럼 자신감을 가지고 또박또박 말하면 돼.”

재혁이는 다 안다며 자신감을 내비쳤다.

알아서 잘하는 아이

3월 7일, 회장선거가 있는 날이 됐다. 재혁이는 긴장된 마음으로 학교에 갔다. 나는 기대가 별로 없었기 때문에 까맣게 잊어버리고 일을 하고 있었다. 휴대전화 벨이 울렸다. 재혁이었다.

"아빠, 저예요."

"그래, 선거는 잘 끝났니? 수고했다."

"아빠, 오늘 이상한 일이 일어났어요."

"무슨 이상한 일?"

"제가 회장에 당선됐어요."

뜻밖이었다. 재혁이도 자신이 회장으로 당선된 게 신기한 일이라고 했다. 먼저 축하를 해줬다.

"아빠가 엄마께 말씀드리세요. 전 친구들과 축구 좀 하다가 갈게요."

전화를 끊었지만 재혁이가 어떻게 회장으로 당선이 됐는지 너무 궁금했다. 빨리 퇴근해서 재혁이의 얘기를 듣고 싶었다. 일을 마치고 서둘러 집으로 갔다. 재혁이가 나를 맞이했다.

"그래, 학교생활 이야기를 좀 들려줄 수 있어?"

"네, 정말 신나는 하루였어요."

"아빠 아들이 회장이 된 것이 너무 신기해. 어떻게 해서 당선됐어?"

"다른 출마자들은 간단히 자기소개만 하고 들어갔어요. 그런데 저는 다른 아이들보다 길게 연설을 했고요. 반 친구들 모두가 제 연설에 공감해줬어요."

"그래? 역시 내 아들이다. 수고했다. 이젠 반을 위해 네가 무엇을 할 것인지 생각하고 실천해야겠네."

"네, 걱정 마세요. 제가 알아서 잘할게요. 아빠, 그보다 이번 제 생일에 친구들을 초대하고 싶어요."

　일주일 후인 3월 14일은 재혁이의 생일이었다. 나는 생일 파티를 열어주기로 했다. 재혁이는 컴퓨터로 한글 프로그램의 '메일머지'를 이용해 초대장을 만들어 반 친구들에게 보냈다.

치맛바람의 위력

　재혁이의 생일 파티에는 같은 반 친구들과 엄마들도 찾아왔다.

　"안녕하세요. 부회장 정민이 엄마에요. 재혁이가 2주 전에 이사를 왔다면서요? 학교에서 똘똘하다고 소문이 났는데 재혁이가 대단하네요."

　"아니에요. 운이 좋았겠죠."

　"운이 아닌 것 같아요. 참, 운영위원회 학부모랑 다른 반 회장 엄마도 잠깐 얼굴 뵈러 오신대요."

　다른 반 회장 학부모까지 재혁이의 생일 파티에 온다니, 부담스러웠다. 재혁이가 어떤 아이인지 궁금하다는 것이었다. 한창 파티가 열리고 있을 때 다른 반 회장 학부모가 찾아왔다. 그는 교장 선생님의 성향부터 학교에 대한 전반적인 이야기를 모두 들려줬다. 이 학교의 학부모들은 대회가 있으면 한 달 전부터 개인과외 교사를 두고 아이와 함께 연습했다. 공을 들이는 만큼 좋은 결과를 내는 경우가 많다고 했다. 원어민 교사로부터 일주일에 6번 방문 수업을 받게 하거나 방학이면 1,000만 원을 들여 아이에게 미국 등 영어권 나라에서 다양한 경험을 쌓도록 하는 학부모도 많다고 했다.

　치맛바람이 대단했다. 가난하고 평범한 부모들은 죽었다 깨어나도 할 수 없는 일들을 이곳의 부모들이 하고 있었다.

생각과 마음을 알아가는
하루 1시간 대화

10초만 더 아들의 얘기를

생일 파티가 있은 지 며칠 지나지 않은 월요일 아침이었다. 곤히 자고 있는 두 아들이 너무 귀여워 깨우기가 싫었지만, 학교에 지각을 하지 않으려면 아이들을 깨워야 했다.

"일어날 시간이야."

"아빠, 조금만 더 잘게요."

"지금 일어나야 지각을 하지 않을 것 같은데?"

"어제 늦게 잤어요."

"알아. 그래도 반 회장이 늦으면 되겠니?"

"알았어요."

재혁이가 오늘따라 행동이 많이 굼떴다. 평소라면 이해했을 텐데 내 몸 상태가 좋지 않은데다 어린이집 차량 운행시간이 늦어질까봐 마음이 급했다. 아직도 잠에서 깨지 않은 시훈이를 안고, 엘리베이터 단추를 눌렀다. 양 어깨엔 어린이집에서 필요한 먹거리를 담은 장바구니를 걸었다. 엘리베이터 문이 열리고 차를 찾았다. 허둥지둥하니 잘 찾아지지 않았다.

"아빠, 저기 있어요."

재혁이가 가리키는 곳으로 가서 차에 올랐다. 마음이 다급했다.

"많이 늦었네."

"괜찮아요."

"내일부턴 일찍 일어나서 준비하자."

"네."

주차장을 빠져나와 재혁이가 다니는 학교에 도착했다. 영어도서관 옆으로 이사 온 후 나는 매일 아들을 학교에 데려다주고 30분을 운전해서 어린이집으로 갔다. 물론 바쁜 일이 있어서 어린이집에서 잘 때는 30분 거리를 자동차로 통학시켰다.

"재밌게 보내."

재혁이가 차 문을 닫으려다 말고 뜸을 들였다.

"아빠, 이야기할 게 있어요."

"무슨 얘기? 학교 늦겠다. 다녀와서 해."

"지금 하면 안 되나요?"

자동차 안에서 이미 많은 얘기를 나눴고, 출근 시간이 늦어 재혁이의 얘기를 더 들어줄 수 없었다. 그래서 버럭 소리를 질렀다.

"뭐 해? 빨리 가라니까!"

"네. 다녀오겠습니다."

아빠의 큰 목소리에 놀랐는지 재혁이가 차 문을 닫고 힘없이 학교로 걸어갔다. 옆에서 지켜보던 아내가 왜 재혁이한테 소리를 지르는 것이냐며 나무랐다.

"아무것도 아닌 것 같은데 시간을 끌잖아."

"항상 잘 받아주면서 오늘은 왜 그래요? 어디 아파요?"

나는 대답을 하지 않고 차를 몰아 어린이집으로 향했다. 운전을 하면서 내내 재혁이에게 소리를 지른 것이 마음에 걸렸다. 한참 차를 몰고 가는데 꽝 소리와 함께 차가 멈췄다. 우리 자동차 옆 부분을 다른 승용차가 들이받았다. 처음 겪는 교통사고였다.

보험회사에 연락했더니 견인차가 도착했다. 사고 현장 수습이 끝나고 우린 병원에서 진찰을 받았다. 모두 이상이 없었고 시훈이는 3~4일 더 지켜보라고 했다. 내 운전 실수로 교통사고가 났다는 죄책감에 눈시울이 뜨거워졌다.

아내가 저녁에 영어도서관에 들러 재혁이를 데리고 집으로 돌아왔다. 재혁이가 아빠의 사고 소식을 들었는지 나를 보고 걱정하는 표정을 지었다. 아내는 아들의 손을 잡으며 눈물을 글썽였다.

"우리 큰아들이 평소보다 행동이 느리고 급히 떠나려는 차를 잡아서 아빠에게 말을 걸려고 한 이유가 있었네. 아빠 차 사고 나지 않게 하려고 한 행동인데 그것도 모르고 아빠는 화를 내셨으니….”

그러고 보니 맞는 말이었다. 아침에 큰아들의 말을 10초 이상만 듣고 대화를 나눴어도, 우리 차를 받은 차와 만나지 않았다. 난 눈물이 핑 돌았다.

“큰아들! 아침에 아빠가 미안했어.”

“아니에요. 이렇게 무사하셔서 정말 다행이에요.”

아내에게도 미안하다고 말했다.

“운전은 항상 조심하세요. 나만 운전을 잘한다고 사고가 나지 않는 게 아니잖아요.”

“그래, 알았어. 앞으로 조심할게. 정말 미안해. 우리 가족 모두에게 미안해. 그리고 사랑해.”

등하굣길 차안에서 하는 토론

재혁이에게 한밭초등학교는 네 번째 학교였다. 느리울초등학교 1학년으로 입학했다가 2학년이 되면서 동화초등학교로 전학했다. 아내의 친구가 학군이 좋다며 유성 신도시로 이사를 오라고 적극 권유했기 때문이었다. 그러나 내가 다니는 직장과 거리가 너무 멀어 100여 일을 간신히 채우고 다시 어린이집 근처로 이사를 했다. 재혁이는 2학년 동안에만 두 번 전학을 해 태평초등학교에서 3학년까지 다녔다. 1년에 한 번씩 학교를 옮긴 셈이었다.

"저 이제 전학 안 가요. 전학 가면 친구들과 또 헤어져야 하잖아요. 여기에서 초등학교를 졸업하고 싶어요."

아들을 위해 한 이사였지만 나 역시 전학 가야 한다는 말을 꺼내기가 늘 미안했다. 그렇지만 좋은 점도 있었다. 영어도서관에 데려다줄 때나 통학을 시킬 때, 매일 1시간씩 아들과 자동차 안에서 이런저런 얘기를 나눌 수 있다는 점이었다.

"재혁아, 어떤 채널 듣고 싶어?"

"8시까지만 〈EBS 잉글리쉬〉 듣고 다음엔 뉴스 들을래요."

재혁이와 교육방송을 듣다가 8시에 뉴스 채널로 돌렸다. 유럽의 금융위기에 대한 뉴스가 나오고 있었다.

"아빠 잘 살던 유럽이 왜 저렇게 힘없이 무너지는 것 같으세요?"

"과도한 복지 정책 때문이 아닐까?"

"왜요?"

"정권을 유지하려고 국민들의 요구를 들어주다 보니까 국가 경제가 어려워지는 것 같아."

오늘 새벽에 읽었던 신문 기사를 떠올리며 재혁이의 질문에 답해줬다. 매일 1시간씩 자동차 안에서 하는 이야기는 아들 생각과 내 생각을 맞춰볼 수 있는 귀중한 시간이었다.

1년이면 차 안에서만 250시간의 대화를 나눌 수 있었다. 대부분 라디오 뉴스를 들으며 토론을 하니 대화거리가 떨어지지 않았다. 하고 시간에는 아들의 학교생활에 대해 묻고 숙제와 준비물에 대해 얘기를 나눴다. 나는 이 시간을 언제나 환영했다.

공공의 적, 수학

재혁이의 아킬레스건은 수학이다. 수학을 좋아하는 아내가 재혁이의 수학 교육에 매달려 8살부터 수학 학습지를 함께 풀었지만 효과가 없었다. 오히려 수학을 더 싫어하게 됐다. 아내가 수학 문제를 풀자고 하면 도망을 가거나 머리가 아프다면서 잠을 자기 일쑤였다. 수학과 원수진 나로서는 재혁이가 수학을 싫어하는 게 이해가 됐다.

그렇지만 학교에서 치러지는 수학 문제지에 비가 많이 내릴 때는 보통 심란한 것이 아니었다. 학교 시험에 대비해 수학 모의고사를 친 날, 재혁이의 시험지엔 또 많은 비가 내려 있었다.

"아빠, 죄송해요. 수학에서 많이 틀렸어요."

절로 한숨이 나왔지만 풀 죽은 재혁이를 보니 뭐라 할 수가 없었다.

"괜찮아. 틀릴 수도 있지. 틀리지 않으면 그게 사람이니? 많이 틀렸다고 기죽을 필요 없어. 하지만 틀린 것을 그냥 넘어가선 안 돼. 오답노트를 정리해서 네 것으로 만들도록 해."

재혁이는 그러겠다고 했지만 시무룩한 표정이 풀리지 않았다.

"재혁아, 우리 수학 학원을 다녀볼까?"

"제 수학 성적이 잘 안 나와서 그러세요?"

"아빠가 수학만큼은 너를 도와줄 자신이 없네."

재혁이는 학원을 다니는 것은 싫다고 했다. 그러면서 학교에서 받아온 방과후 수업 신청서를 내밀었다. 자세히 살펴보니 방과후 수업에 수학 연계 프로그램에 주산·암산부와 창의력 수학부가 있었다. 재혁이는 학원을 다니는 것 대신 그 두 과목을 신청해서 배우고 싶다고 했다.

4학년 1학기부터 방과후 수업으로 배우기 시작한 주산·암산과 창의력 수학에 재혁이는 흥미를 느꼈다. 주판알이 튕기는 것, 드르륵 소리, 주판 터는 소리들을 마냥 신기해하고 재밌어했다.

수학 공부에 별 도움이 되지 못하는 나 대신 아내가 창의력 수학 문제집을 구입해 집에서 재혁이와 틈틈이 풀어줬다. 시험에서 틀린 수학 문제는 하나도 빠짐없이 오답노트를 작성해 풀고 또 풀었다. 주산으로 계산이 느린 것을 극복했고 암산도 늘어 수학에 자신감이 쌓여갔다.

책을 읽을 땐 캥거루의 목소리로

일요일, 온 가족이 도서관에 왔다. 5월이라 날씨가 너무 좋았다. 우리는 점심시간에 도착해 먼저 지하 2층 식당을 찾았다. 식당에 자동식권 판매기가 새로 들어와 있었다.

"아빠, 신기해요. 여기에 돈을 넣으면 되나 봐요."

"그래. 자, 넣어봐."

재혁이가 돈을 넣고 식권을 뽑았다. 나와 아내는 백반을, 재혁이와 시훈이는 돈가스를 먹기로 했다.

"아주머니, 돈가스 큰 걸로 주시고 밥도 많이 주세요."

이제 나도 '줌마스타일'이 됐다. 혼자서 밥을 먹으면 이런 말 절대 하지 않는데, 아이들을 든든히 먹이려니 부끄러울 것 없었다. 돈가스를 받아 두 아들에게 건네주고 한식 코너에 가서 백반도 받아왔다. 도서관에서 먹는 밥은 언제나 꿀맛이었다.

"재혁아, 돈가스 고기만 먹지 말고 김치랑 같이 먹어."

재혁이가 김치를 먹는 둥 마는 둥 했다. 밥을 먹을 때면 늘 하게 되는 잔소리를 늘어놓으며 식사를 끝냈다. 식판 정리까지 마치고 재혁이가 꽃이 보고 싶다기에 우리는 도서관 둘레를 산책했다.

"저기 봐, 형! 꽃이 예뻐."

시훈이가 꽃을 보고 소리치자 재혁이가 꽃 이름을 알려줬다.

"이건 목련이고 저건 벚꽃이야. 너무 예쁘지?"

우리는 꽃을 구경하고 지하 1층 어린이 도서실로 내려갔다.

"아빠, 내 책은?"

"쉿, 여기는 도서관이라 조용조용 말해야 해."

시훈이에게 주의를 주며 읽고 싶은 책을 직접 골라오라고 시켰다. 재혁이는 벌써 자리를 잡고 책을 읽고 있었다. 시훈이가 한참 책을 고르더니 한 권을 들고 내게로 왔다.

"아빠, 읽어줘."

제목이 ≪누가 내 머리에 똥을 쌌어?≫다. 시훈이가 호기심 가득한 표정으로 책을 들여다봤다.

"누가 내 머리에 똥 쌌어?"

내가 제목을 읽어주자 시훈이가 고개를 흔든다.

"아빠, 캥거루 목소리로 읽어줘."

캥거루는 요즘 시훈이가 좋아하는 동물이다. 캥거루가 어떤 목소리를 내는지 모르지만, 나는 목을 흠흠 가다듬고 다시 책을 읽어주기 시작했다.

"누가 내 머리에 똥 쌌어?"

평상시 아빠 목소리가 아닌 다른 목소리로 읽어주니 시훈이가 까르르 웃는다. 아빠의 다른 목소리가 재밌나 보다.

책에는 다양한 동물들이 등장했다. 주인공은 땅속에 사는 두더지다. 이어서 비둘기, 말, 토끼, 염소, 소, 돼지, 파리, 개 등 다양한 동물들이 나오면서 각 동물의 똥 모양을 자연스럽게 익힐 수 있게 한 책이었다. 그냥 읽어도 재밌는 내용이었다. 그렇지만 나는 시훈이가 바라는 대로 새로운 동물들이 나올 때마다 목소리를 바꿔가며 책을 읽어줬다. 그래서인지 시훈이는 엄마보다 내가 책을 읽어주는 것을 더 좋아했다.

TV시청권으로 배우는 협상의 기술

방학을 맞은 재혁이가 TV를 보고 있었다. 아들이 보고 있는 것을 멈추게 하고 싶지는 않았다. 어릴 적 내가 TV를 보고 있으면 아버지는 화를 내시면서 보고 있던 TV를 끄시곤 공부나 하라고 말씀하셨다. 그러면 나는 기분이 상할 대로 상해서, 마음속으로 공부를 하지 않겠다고 반항한 적도 있다. 아들에게 그런 마음이 들게 하기 싫었다.

"이것만 보고 다른 할 일을 찾아볼까?"

"네, 알았어요."

'TV 보지 말고 공부해'란 말을 참는 것이 쉽지 않다. 사실 나는 아들보다 TV를 더 좋아한다. 특히나 드라마를 좋아했다. 만약 나에게 아들을 위해 드라마를 보지 말고 교육에 전념하라면, 어쩌면 자녀교육을 포기할지도 모르겠다. 나는 나부터 TV 보기를 줄이기 위해 규칙을 만들었다.

우리 가족 모두 TV는 일주일에 자기가 좋아하는 프로그램 1편씩만 시청할 수 있도록 했다. 만약 이번 주에 2편의 프로그램이 보고 싶다면 가족 중 한 사람에게 시청권을 빌리거나 다음주에 사용할 시청권을 차용해서 보는 식이다. 부모가 함께 규칙을 지켜서 아들들에게 자제력을 심어주려고 했다.

"아빠, 이번 주에 저는 〈개콘〉을 볼 거예요."

"그래? 그럼 난 수목드라마를 볼 거야."

"엄마는 어떤 거 보실 거예요?"

"엄마는 주말 드라마지."

"아빠, 그런데 이번 주 수요일에 우리나라 대표 팀이 일본과 축구 경기를 하는데 꼭 보고 싶어요."

"그럼, 〈개콘〉 대신에 축구를 보면 되겠네."

"10일에 하는 건 중요한 경기라 둘 다 보고 싶은데요. 아빠 시청권 빌려주시면 안 돼요?"

재혁이가 내게 협상을 걸어온다. 그러나 나는 아들에게 드라마 시청권을 내줄 수 없었다. 재혁이를 아내에게 보냈다.

"엄마!"

"주말 드라마는 한 주만 안 봐도 맥이 끊겨."

아내 역시 시청권을 내주지 않았다. 이제 남은 사람은 동생 시훈이뿐이었다.

"참, 시훈이가 있었지. 시훈아, 축구 재밌지?"

"응."

"이번 주 수요일에 일본이랑 축구한대."

"그래?"

"너 대한민국이 좋아? 일본이 좋아?"

"대한민국."

"그럼, 축구는 누가 이겼으면 좋겠어?"

"대한민국."

"그럼, 이번 주 일요일에 축구 볼까?"

"그래, 형. 그게 좋겠어."

5살짜리 동생을 구슬려 축구 경기를 보려는 11살 재혁이의 노력이
참으로 가상했다. 재혁이가 말로써 협상에 성공한 것이다. 가족과 함께
어울려 사는 인생에서도 대화와 협상이 필요하다.

아이는 마음보다
몸이 먼저 자란다

갈대처럼 가족을 지키고 싶다

4학년 여름방학이 끝나갈 무렵이었다. 어린이집 일을 하다 보니 시간 가는 줄을 몰랐다. 방학 동안 잘 놀아주지 못해 재혁이와 시훈이가 서운하지 않을까 마음에 걸렸다.

"방학이 빨리 끝났으면 좋겠어요. 빨리 학교 가고 싶어요. 친구들도 보고 싶고."

재혁이는 이제 나와 시간을 보내는 것만큼 친구들과 함께 지내는 것을 좋아한다. 재혁이가 손꼽아 기다리던 2학기가 시작됐다. 그리고 곧 추석이 다가왔다. 추석날 우리 가족은 고향에 내려갔다. 부모님은 나를 보시더니 많이 야위었다고 걱정하셨다. 요즘 들어 부쩍 소화가 잘되지 않아 제대로 밥을 먹지 못했다. 동네 병원에서 진찰받고 약을 먹고 있었지만 잘 낫지 않았다.

"네가 건강해야 자식들을 키우지. 네 건강을 잃으면 자식들이 어떻게 되겠니? 대전 올라가면 바로 대학병원에 가보도록 해라."

내 몸이 아프니까 아이들의 재롱도 받아주기 힘들었다. 심지어 아들이 질문을 해도 신경에 거슬려 나도 모르게 조용히 하라고 소리를 질렀다가 후회하기도 했다. 조금이나마 정신을 차릴 수 있는 시간은 밤이었다. 잠이 오질 않았다. 눈물이 나왔다. 만약 큰 병이라도 걸렸다면…. 아내도 아픈데 어떻게 아들들을 키울지 걱정이었다. 제발 큰 병이 아니길 바라며 대학병원 내과를 예약했다.

"최근에 신경 쓰는 일이 있나요?"

내가 아픈 것을 빼면 크게 신경 쓰이는 일이 없었다. 재혁이도, 시훈이도 잘 자라고 있었다. 다만 아내가 아픈 것이 항상 마음 아플 뿐이었다. 내시경 검사를 받기로 했다. 밤새 금식하고 다시 병원을 찾았다. 내시경 검사 결과 특별히 나쁜 곳은 없었고, 다만 신경성 역류성 식도염 증상이 있다고 했다. 병원으로부터 3개월 치 약 처방을 받아 집으로 돌아왔다. 내가 병원에 다녀온 걸 아는 재혁이가 걱정스러운 듯 물었다.

"아빠, 병원에서 뭐래요?"

"신경성 역류성 식도염이라 약 먹으면 낫는데. 괜찮아."

5살 둘째가 끼어들어 말했다.

“아빠가 아프면 내가 의사가 돼서 병을 치료해줄게요.”

두 아들을 보니 마음이 든든해졌다. 어서 기운을 내 가족을 돌봐야겠다고 생각했다. 작은 바람에 흔들리지만 거센 폭풍에 꺾이지 않는 갈대처럼 나는 가족을 지켜주고 싶다.

대화가 필요해

새로운 각오로 일상을 시작했다. 어린이집 상담이 있어 저녁 7시가 돼서야 일이 끝났다. 상담하기 전 재혁이의 휴대전화로 전화를 걸었지만 배터리가 없는지 꺼져 있었다. 우리 가족은 집에 있는 시간이 많지 않기에 유선 전화를 신청하지 않았다. 학교를 다녀온 재혁이가 집에 있으려니 생각했지만 조금은 걱정이 됐다. 지금까지 재혁이를 혼자 집에 두고 다닌 적이 한 번도 없었기 때문이었다. 하지만 이제 11살, 나름 사리분별을 할 줄 아는 나이려니 생각했다. 집으로 들어가니 재혁이는 자고 있었다. 다행이었다.

“아들, 어서 일어나야지.”

벌떡 일어난 재혁이가 갑자기 울기 시작했다. 태어나서 이렇게 서럽게 우는 모습을 처음 봤다. 초등학교 4학년의 의젓했던 모습은 찾아볼 수 없었다. 너무 심하게 울어 나는 당황스러웠다. 재혁이를 안고 한참을 달랬다. 그리고 왜 이렇게 우는지 물어봤다.

“엄마, 아빠가 연락이 안 돼서 사고가 난 줄 알았어요.”

"전화기는 왜 꺼져 있니? 전화를 하지."

"충전기를 찾지 못했어요."

"그럼, 관리사무실에 가서 아저씨에게 전화해달라고 하면 되잖아."

"너무 무서워서 아무 생각도 못했어요."

"그래, 아빠가 잘못했다. 다음부터 이런 일이 없도록 할게. 너도 전화기 충전하는 것 잊지 말도록 해. 아들, 한 번 안아보자. 이리 와. 뽀뽀도 해야지."

똑똑하고 의젓해 다 큰 줄 알았는데 아직은 어린 아이였다. 재혁이는 어떤 상황에 대해 미리 말해주고 이해를 구하면 참고 기다렸다. 하지만 미리 말해주지 않은 것에 대해서는 불안해하고 궁금해했다. 끊임없이 대화가 필요했다. 아이를 키우는 일에는 아직도 내가 모르는 것이 너무나 많았다.

수학올림피아드 1등을 만든 10초

방과후 수업을 받은 지 7개월이 지났다. 재혁이는 수학 담당 선생님으로부터 전국수학올림피아드 대회에 나가보라는 권유를 받았다. 재혁이는 아직 대회에 나갈 실력이 되지 않는 줄 스스로 알면서도 시험을 보고 싶다고 했다. 나도 재혁이의 수학 실력을 객관적으로 파악하고 동기 부여하는 계기가 될 것 같아 그러자고 했다.

"전 꼴찌만 하지 않았으면 좋겠어요."

"우리 아들이 꼴찌는 무슨? 요즘 너 문제 푸는 것 보니까 아빠가 풀기 어려운 문제도 척척 잘 풀더라. 꼴찌는 하지 않을 거야."

대회는 수학과 암산을 함께 봤다. 시험 날짜는 하루하루 다가오는데 재혁이의 암산 실력이 좀처럼 늘지 않았다. 재혁이는 낙담했다.

"아빠, 시간이 안 늘어요. 5분 안에 200문제를 풀어야 하는데 시간 단축이 잘 안돼요."

아들에게 좀 더 집중해보라고 말해주곤 다시 한 번 풀어보도록 했다.

"아빠가 시간 재줄 테니 한 번 해보자."

스탑 워치를 누름과 동시에 재혁이는 문제를 풀기 시작했다. 5분이 다 됐지만 재혁이가 문제를 계속 풀도록 10여 초 가량 더 지난 후에 '그만'이라고 말했다.

"아빠, 이것 보세요. 평소보다 문제를 더 많이 풀었어요."

내가 10초 정도 늘려준 것을 모르는 재혁이는 금세 자신감을 얻었다. 나는 대회까지 남은 기간 동안 재혁이와 계속 함께 연습을 반복했다.

드디어 2011년 11월, 전국수학올림피아드 대회가 다가왔다. 그런데 재혁이는 시험을 하루 앞두고 대회에 나가고 싶지 않다고 했다. 너무 떨리고 성적이 안 나올까 걱정된다는 거였다.

"항상 말하지만 아빠는 성적 가지고 뭐라고 하진 않아. 단지 아들이 많은 경험을 해봤으면 좋겠어. 아빠 어릴 땐 이런 대회가 없었어. 아빠는 네가 부러워. 아빠가 해보지 못한 경험을 넌 할 수 있으니 말이야."

"정말요? 제가 부러우세요?"

"그럼. 그러니 편안하게 생각해. 토요일 하루 동안 친구들이랑 선생님이랑 나들이 다녀온다고 생각해. 알았지?"

다음날 재혁이는 아침 일찍 시험을 치르러 갔다. 시험 장소는 부천이었다. 밤 9시 20분쯤에 학교 정문 앞에 아들을 태운 버스가 도착했다. 버스에서 내린 선생님이 재혁이와 함께 내게 다가왔다.

"아버님, 축하해요. 재혁이가 초등 4학년 부문에서 전국 1등을 차지했어요. 장학금도 받았어요."

"장학금까지요? 선생님, 감사합니다. 오늘 수고 많으셨습니다."

선생님께 인사를 하고 재혁이를 차에 태워 집으로 향했다.

"참가해서 경험만 하라고 했는데 상까지 받아오니까 너무 기쁘네."

"저도 깜짝 놀랐어요. 시상식 때 제 이름이 불려지니까 선생님이 좋으셨는지 소리를 지르셨어요. 아이들도 헹가래를 치고 난리났었어요."

재혁이는 제 스스로도 1등을 한 것이 믿어지지 않는지 흥분을 가라앉히지 못했다. 어떤 문제가 나왔는지 궁금했다.

"제가 평소에 풀던 문제보다 조금 어려웠지만 차분하게 풀었더니 다 맞힐 수 있었어요."

"그래. 아빠도 정말 기쁘네. 수학 때문에 항상 걱정이었는데 이제는 걱정할 것 없네. 지금처럼 공부하면 되겠다."

수학을 싫어하고 두려워했던 재혁이는 수학올림피아드에서 상을 타면서 완전히 두려움을 떨쳐버렸다.

우리 부부는 아들이 길을 찾지 못하고 방황을 할 때 등대가 돼줄 수

아들의 사춘기는 생각보다 일찍 찾아왔다. 엄마에
게 대드는 재혁이의 종아리를 때렸다. 아들을 이해
하고 감싸주려 하지만 예의에 어긋나는 일은 칼같
이 용서하지 않았다. 예의를 지키지 않는 아이는 훌
륭한 인재가 될 수 없다. 나는 똑똑한 아이보다 인
성이 바른 착한 아이를 키우고 싶다.

있길 바랄뿐이다. 그 등대를 보고 항해를 하는 것은 아들의 몫이다. 그것으로 우리 부부가 할 일은 다한 셈이다.

회초리가 필요할 때

수학올림피아드 대회가 끝난 다음날, 일요일 새벽에 우리 가족은 서산으로 출발했다. 장인어른의 생신날이었기 때문이다. 우리는 서산에 가 삼길포에서 회도 먹고 유람선도 탔다. 그렇게 생신을 끝내고 집으로 돌아오니 밤 10시가 됐다.

"아빠, 나 이거 꾸며야 돼요."

금요일에 학교에서 가져온 미술 작품이었다. 가을 풍경을 꾸미는 작업이었다. 수업시간에 다하지 못해 월요일까지 꾸며서 가져가야 한다고 했다. 토요일은 수학올림피아드, 일요일은 외할아버지 생신이 있으니 금요일까지 끝내라고 했는데 아들은 미처 끝내지 못했다. 내가 도와주겠다고 나섰지만 재혁이는 혼자서 하겠다고 했다.

재혁이는 미술 작품을 해야 하는데 집에 늦게 도착한 것이 짜증이 났는지 투정을 부렸다. 하지만 미술 작품을 완성해야 했기에 투정을 모두 받아줬다. 그 투정은 다음날 저녁까지 이어졌다. 저녁을 준비하던 아내가 재혁이를 불렀다.

"아들, 손 씻고 밥상 좀 펴줄래?"

마지못해 방에서 나온 재혁이가 엄마에게 트집을 잡았다.

“손부터 씻을까요? 상부터 펼까요?”

재혁이의 말 속에는 비꼬임이 들어 있었다. 한참을 그렇게 아내와 재혁이가 대치했다. 그러다 재혁이가 말했다.

“엄마나 신경 쓰세요.”

더 이상 두고 볼 수가 없었다. 내가 나서 재혁이에게 회초리를 가지고 오라고 했다.

“이리 와서 다리 걷어.”

회초리를 들고 왔지만, 저만치 서서 내게 내주지 않으려 했다.

“어서 이리 오라니까! 엄마한테 무슨 말 버릇이야?”

재혁이가 나를 보기만 했다.

“그냥 넘어가려고 했는데 점점 더 버릇이 없네. 왜 그러는 거야?”

“저도 잘 모르겠어요.”

“지금도 엄마께 대드는데 나중에 아빠가 없으면 엄마를 완전 무시하겠네?”

“아니에요.”

“다른 것은 몰라도 버릇없는 행동이랑 어른을 공경하지 않는 행동은 그냥 못 넘어간다. 집을 나가든지 매를 맞든지 선택해.”

“매를 맞을 게요.”

아들은 다리를 걷었다. 종아리를 때렸지만 덩치가 컸는지 꿈쩍도 하지 않았다. 잘못했다는 말도 하지 않았다. 그래서 좀 더 큰 회초리를 가지고 오라고 말했다.

"아직도 뉘우치지 않는 거지?"

"…."

"아빠께 잘못 했다고 빌고 다시는 그러지 않겠다고 말해, 얼른."

아내가 옆에서 아들이 맞는 모습을 보고 눈시울을 글썽이며 말했다. 아들은 더 큰 회초리를 찾아 왔다. 매를 몇 대 더 맞고서야 재혁이는 잘못했다고 말했다.

"아빠, 죄송해요. 다시는 그러지 않을게요."

"엄마, 아빠가 할아버지, 할머니께 대드는 모습을 한 번이라도 본 적이 있어?"

"없어요."

"그런데 넌 왜 그래?"

"잘못했어요. 죄송해요."

"아빠에게 무슨 일이 생기면 우리 가족을 누가 돌봐야 돼?"

"제가요."

"무슨 일이 있어도 엄마께 대들지 않도록 해. 설령 엄마가 잘못을 해도 말이야. 알았니?"

아내는 옆에서 눈물을 훔치다 그 자리를 피했다. 거실로 나온 나는 생각에 잠겼다. 빨리 찾아온 사춘기 때문에 매를 들지 않으려고 했지만 버릇이 더 나빠질까봐 매를 들었다. 똑똑한 아이로 키우고 싶은 마음보다 인성이 바르고 착한 아이로 키우고 싶었다. 그것이 아들을 위하는 길이기 때문이다.

장점만큼 단점을 기쁘게 본다

물려입는 옷과 신발

예쁜 옷 입히고 싶고, 맛있는 음식 먹이고 싶고, 좋은 곳 구경시키고 싶은 것이 자녀를 키우는 부모의 마음이다. 그러나 넉넉하지 않은 살림이라 아들에게 유명 브랜드 매장에서 신발을 사준 적이 없었다. 사촌형의 신발을 물려받기 때문이기도 했다. 택배로 배달된 박스를 뜯으며 아내가 재혁이를 불렀다.

"아들, 이거 한 번 신어봐."

"이거 어디서 샀어요?"

"고모가 보내신 거야."

"나 안 신을래요."

"사촌 형이 조금밖에 안 신었대. 발은 금방 자라서 몇 개월도 못 신어. 이것 봐. 완전 새 거야."

투정을 부리던 재혁이가 엄마의 단호한 어조에 단념하고 신발을 신어봤다.

"이게 딱 맞네. 다른 것은 크니까 발이 좀 더 크면 신도록 하자."

"알았어요."

아내가 야속했다. 아내는 아이들에게 신상품을 사주지 않았다. 옷도 마찬가지다. 5살 시훈이는 사촌 형이 보내준 옷을 입고 마냥 좋아했다. 아내는 사촌이 입던 옷을 여러 개 받으면, 사촌에게는 새 옷을 한 벌 사줬다.

"신발이 비싸봐야 얼마나 비싸다고 그래. 시훈이 옷도 사서 입혀라."

"자기가 몰라서 그래. 신발이 타이어보다 비싸다는 광고도 못 봤어?"

그런 광고가 있긴 하던데 신발이 비싼 건지 타이어가 싼 건지 모르겠다. 이런 일로 시비를 걸어봤자 화살은 결국 나에게 돌아온다.

"이 옷도 매장에서 사려면 얼마나 비싼 줄 알아요?"

"몰라. 알았으니까 그만해."

다시 TV 드라마에 눈을 돌리며 한 발짝 물러났지만, 결국 나의 자존심이 무너졌다. 아내의 알뜰함은 14년을 함께 지냈기에 잘 알고 있었다. 그러나 아무리 넉넉하지 않은 살림이라도 남자의 자존심은 지켜주면 좋겠다는 생각이 들었다.

드라마 속에서 남녀 주인공이 결혼식을 하면서 결혼반지를 주고받는 모습이 나왔다. 재혁이가 엄마, 아빠의 손을 번갈아 보더니 물었다.

"엄마, 아빠는 왜 결혼반지가 없어요?"

우리 부부의 손에는 아직도 반지가 없다. 어렵게 살던 시절을 잊지 않으려고 일부러 반지를 사지 않았다.

"예전에 있었는데 필요 없어서 팔았어."

"결혼반지가 필요 없다니, 그게 무슨 말씀이세요?"

큰아들 재혁이는 더 이상 어린 아이가 아니었다. 그래서 어려운 시절의 얘기를 들려줬다. 엄마, 아빠에겐 그 시절이 힘들었어도 제일 행복했던 시절이라고 말해줬다. 모든 얘기를 들은 재혁이는 눈물을 흘렸다.

"아빠, 걱정 마세요. 제가 열심히 공부해서 훌륭한 사람이 될게요. 그래서 반지도 사드리고 좋은 차랑 집도 사드릴게요. 그러니 저만 믿으세요."

재혁이가 나를 꼭 껴안으며 내 손을 계속 비볐다. 따뜻했다. 이제 아들은 나를 안아줄 만큼 컸다.

축구가 좋아

아내는 재혁이가 축구를 좋아하는 것을 못마땅해 했다. 재혁이는 인터넷으로 숙제를 할 때면 항상 축구에 관한 자료를 먼저 찾아봤다. 그래서인지 축구 해설가 못지않게 해박한 축구 지식을 갖고 있었다. 국내는 물론 해외에 있는 팀과 선수들의 이름, 사생활까지 빠삭하게 알 정도였다.

"아빠, 오늘 새벽에 맨유와 맨시티 경기가 있는데 봐도 돼요?"

"새벽에 하는 걸 보고 학교는 어떻게 갈래?"

"안 되겠죠? 사람 불러야 되겠죠?"

안 되는 줄 알면서 재혁이는 내게 묻곤 스스로 무안했는지 〈개콘〉 '비상대책위원회'의 유행어를 흉내 냈다. 그렇다고 재혁이가 포기한 것은 아니었다. 재혁이는 다음날 인터넷으로 경기 하이라이트를 봤다. 그런 재혁이 때문에 아내는 걱정이 태산이었다.

"여보, 어떻게 좀 해봐요. 재혁이가 축구에 너무 빠져 있어요."

"괜찮아. 재혁이가 폭력적인 게임을 하는 것도 아니고 단지 축구를 사랑하는데 그것조차 막으면 어떡하니?"

"어느 정도껏 해야지 너무 심하니까 그렇죠."

"재혁이가 축구에 빠진다는 것은 열정을 가지고 자신이 좋아하는 일을 할 수 있다는 증거야. 자기가 좋아하니까 그 많은 외국 선수들의 이름을 다 아는 거잖아. 그러니 지켜보자고."

물론 축구로 인해 다른 어떤 것을 잃을 수도 있다. 축구 이야기가 나오면 재혁이는 천하를 다 얻은 듯 행복한 미소를 지었다. 나는 그 미소를 보는 것으로 모든 시름을 잊었다.

운동치를 극복하는 방법

재혁이는 운동치였다. 재혁이가 3살 때부터 틈만 나면 운동장에 데리고 다니며, 축구, 야구, 조깅, 자전거 타기, 달리기 등을 했다. 내 노력과 달리 아들은 운동에 소질이 없었고, 운동 신경도 또래 아이들에 비해 떨어졌다. 운동치를 깨려고 나는 늘 함께 운동장으로 향했다. 운동 갈 채비를 하고 있으니 아내가 말했다.

"오늘은 너무 오래 있지 말아요. 날씨가 쌀쌀해요. 어제 3시간이나 하고 들어온 것 알아요?"

"남자 애들은 이 정도 놀아줘야 해. 아들! 아빠 학교 운동장에 가는데 함께 갈래?"

"네, 잠시 기다려주세요. 학교 숙제가 조금 남았어요."

"그래."

나는 재혁이의 숙제가 끝낼 때까지 옆에서 책을 읽었다. 20분쯤 지났을까? 숙제를 다 마친 재혁이가 나갈 준비를 했다. 일주일에 4번 이상, 2~3시간씩 운동장에서 1대 1 축구를 했다. 축구가 끝날 때면 땀에 흠뻑 젖어 스트레스를 완전히 날려버렸다. 집으로 돌아오는 길에 재혁이가 고민을 털어놓았다.

"다음주에 씨름 수행평가를 해요. 그래서 걱정이에요."

"학교에서 씨름도 하니?"

"샅바 매는 법을 시험 치고 씨름도 해요. 선생님께서 샅바 매는 법을 시범으로 보여주셨는데 잘 모르겠어요. 반 아이들도 대부분 못해요."

"인터넷으로 샅바 매는 법을 찾아보고, 이해가 안 되면 아빠 불러."

집으로 돌아와 아들에게 보자기 2장을 주고 샅바처럼 연결해 연습하라고 했다. 수행평가 전 날 밤 11시, 재혁이가 내게 SOS를 요청했다.

"아빠, 인터넷에 있는 동영상을 찾아봤는데 동영상을 봐도 도저히 모르겠어요."

재혁이는 동영상을 10번을 봤지만 이해를 못하겠다며 머리를 긁적였다. 재혁이와 그 동영상을 함께 봤다. 나 역시 이해가 잘 되지 않았다. 시간이 몹시 늦었기 때문에 일단 재혁이를 재우고 샅바 매는 법을 보여주는 다른 동영상을 내가 찾아봤다.

1시간 정도 인터넷을 뒤지니 2개의 샅바 매는 동영상이 나왔다. 2개의 동영상을 연결해 봐야 샅바 매는 게 완성됐다. 일주일 전 재혁이에게 줬던 보자기를 찾아 연습해보니 몇 번 만에 샅바 매는 법이 익혀졌다. 시간은 벌써 새벽 1시를 가리키고 있었다. 방문을 열어보니 재혁이가 뒤척이고 있었다.

"내일 수행평가 때문에 잠이 오지 않아요."

"아빠가 샅바 매는 법을 찾았는데 가르쳐줄까?"

"네? 정말이에요?"

재혁이가 벌떡 일어났다. 재혁이와 20분 동안 샅바 매는 연습을 했다.

"이제는 알 수 있을 것 같아요."

"그래, 그만 자도록 해."

"내일 아침에 일어나서 한 번 더 연습하고 학교 갈게요."

나는 재혁이에게 소질 있는 부분을 발견해 키워주는 것 만큼 재
능이 없는 부분을 함께 터득해나가는 것도 무척 보람됐다.

아빠의 꿈

"아빠는 어릴 때 꿈이 뭐였어요?"

"아빠는 검사가 꿈이었는데 그건 할아버지의 꿈이야. 할아버지의 꿈
이 아빠의 꿈이 돼버렸지."

"아빠의 진짜 꿈은 없었어요?"

재혁이의 질문에 나는 당황했다. 아버지의 꿈에 나의 꿈은 완전히 가
려 있었고 꿈을 꿀 필요가 없었다. 내 꿈이 아닌 아버지의 꿈이었기에
스스로 꿈을 이루려고 구체적인 계획이나 행동을 한 적이 없었다. 물론
그래서 꿈은 이뤄지지 않았다. 아버지의 꿈이든, 내 꿈이든.

"그러네. 하지만 지금은 있어."

"뭐예요?"

"두 아들이 건강하고 행복하게 자랐으면 하는 거야."

"그게 꿈이에요?"

"그럼, 아빠가 정말로 바라는 꿈이야."

그랬다. 지금 내게는 두 아들이 꿈이었다.

"아빠, 그 꿈은 제가 이룰 수 있을 거예요. 걱정 마세요."

"어떻게?"

"일단 제가 밥을 잘 먹으니까 건강할 것이고 책을 읽으면 행복하니까 책만 많이 읽으면 돼요."

"그래?"

"책이라는 것이 참 신기해요!"

"왜?"

"내가 알고 싶은 내용이나 몰랐던 내용들이 있어서 너무 좋아요."

"아빠도 그렇게 생각해. '책 속에 모든 길이 있다'고 했으니 책을 통해서 재혁이가 이루고 싶은 꿈을 찾을 수 있을 거야."

"그런데 아빠, 책을 읽을 때마다 제 꿈이 자꾸만 바뀌어요. 제가 이상한가요?"

"아니, 꿈을 많이 꿀 수 있다는 것은 가능성이 많다는 증거야. 좋은 거지. 언젠가는 네가 읽는 책을 통해서 진짜 이루고 싶은 꿈을 찾을 수 있을 거야."

재혁이의 꿈은 자주 바뀌었다. 몇 번 바뀌든 내 역할은 아들이 더 많은 꿈을 꿀 수 있도록 해주는 것이며 꿈이 멈추지 않게 하는 것이다. 아들의 꿈은 곧 나의 꿈이니까. 재혁이가 갑자기 눈빛을 반짝였다.

"아빠, 스티브 잡스 책을 갖고 싶어요."

재혁이는 요청을 집요하게 하지 않으면 들어주지 않는 내 성격을 알았다. 나는 재혁이가 책을 갖고 싶다는 욕망이 가장 커졌을 때 손에 책을 쥐어줬다. 그러면 재혁이는 그 책을 다 읽을 때까지 손에서 놓지 않았다.

"나오는 책마다 다 사줄 순 없어. 도서관에 신청해서 들어오면 빌려줄게."

"소장하고 싶단 말이에요."

재혁이가 스티브 잡스 책을 사달라고 부탁하고 딱 한 달이 지났을 때 책을 사줬다.

"아빠, 책이 두꺼워서 기분이 좋아요."

나는 재혁이가 잡스의 전기를 읽고 나와 나눌 대화가 벌써부터 기대됐다. 책 속에는 길이 있다. 책을 읽으면 인생의 길을 찾을 수 있고, 그 길이 원하는 길이면 행복해질 수 있다. 나는 아들이 책을 통해 그 행복의 시작을 자연스럽게 찾아나가길 바랐다.

아이의 꿈을 따라가는 길

초등학교 4학년 한해를 마무리하면서 학교에서 학예발표회가 열렸다. 아들은 사회를 맡았고 친구들과 연극도 하기로 했다. 연극은 우리 가족이 즐겨보던 〈개콘〉의 '비대위'였다. 재혁이는 개그맨 김원효가 하는 경찰서장 역할을 맡았다.

"아빠, 경찰 의상을 구할 수 있나요?"

"그래, 아빠가 구해줄게."

어린이집에서도 행사를 많이 하기 때문에 의상 구하는 것이 쉬울 줄 알았다. 그러나 개똥도 약에 쓰려면 없다더니 어디에서도 경찰제복을 구할 수가 없었다. 나는 옷 구하기를 포기하고 그와 비슷한 옷을 구해

4학년 2학기말 학예발표회에서 재혁이는 〈개콘〉의
'비상대책위원회'를 공연했다. 백방으로 뛰었지만,
경찰 제복을 구하지 못해 검은 양복에 장식들을 달
아 비슷한 옷을 만들어줬다. 재혁이는 그 옷을 입고
학예발표회를 잘 마쳤다.

보기로 했다.

우선 아들에게 맞는 검은 양복을 구입했다. 그리고 검은색 모자를 구입하고 인터넷 쇼핑몰에서 휘장을 검색해서 필요한 훈장과 스쿨체인 와펜, 뺏지, 휘장체인, 군대와펜을 구입했다. 모자에 필요한 경찰 마크는 인터넷으로 검색해서 이미지를 인쇄해 코팅했다. 이로써 학예회 의상 준비는 끝이 났다. 아들과 아내는 발표 제목에 맞춰 대본을 만들었다. 그리고 부회장 두 명에게 나눠줬다.

동생은 형을, 형은 동생을

학예회 날이 됐다. 재혁이의 연극을 보러 시훈이를 데리고 학교에 갔다. 학예회는 10시에 시작됐다. 학예회 발표 프로그램은 27개나 됐다. 몇 주 동안 모두 열심히 준비한 것이 눈에 보였다. 교실은 행사 업체에서 나왔는지 헬륨풍선과 크리스마스 트리 등으로 꾸며져 있었다.

"시훈아, 끝나고 천장에 있는 헬륨풍선 가지고 갈까?"

시훈이는 대답을 하지 않았다. 시훈이의 관심은 오직 형이 무엇을 하는지, 사회를 보면서 어떤 말을 하는지였다. 재혁이가 무대에 나오거나 멘트가 끝나고 의자에 앉으면 뛰어나가 재혁이에게 안겼다. 말려도 막무가내였다. 학예발표회는 2시간 만에 끝이 났다. 재혁이는 학교에서 점심을 먹고 친구들과 4시까지 축구를 하겠다며 그때 데리러 와달라고 했다. 내가 춥지 않겠냐고 걱정했지만 괜찮다고 했다.

3시 50분에 다시 학교로 갔다. 재혁이는 아직 축구를 하고 있었다. 그리고 정확히 4시에 차로 걸어왔다.

"재밌게 놀았니?"

"네."

차를 몰아서 출발한 지 5분이 지났을까? 뒤에서 흐느끼는 소리가 들렸다. 돌아보니 재혁이가 울고 있었다. 얼굴은 이미 눈물이 범벅돼 있었다. 한참을 울고 난 아들이 말을 꺼냈다.

"시훈이 주려고 헬륨풍선을 챙겼는데 6학년 형들이 뺏어 갔어요."

"속상했겠구나. 괜찮아. 아빠가 헬륨풍선 하나 사줄게."

"시훈이한테 교실에 있는 걸로 선물해주고 싶었어요."

살면서 아들이 이렇게 서럽게 운 것을 두 번째로 봤다. 고작 1,000원짜리였지만 아마도 그속에 동생에게 선물을 주고 싶은 형의 마음이 고스란히 담겨 있었기 때문이 아닐까.

적성검사와 진로 탐색

4학년 마지막 시험이라 한밭도서관을 아들과 함께 찾았다. 집에서 시험공부를 해도 되지만 굳이 도서관을 찾는 이유는 도서관의 기를 받게 하기 위해서였다. 도서관에 오면 왠지 기가 넘쳐흐르는 것 같았다. 재혁이가 열람실에서 공부하는 모습을 보고 밖으로 나왔다.

1층 전시실에서 미술 작품들을 관람했다. 밖으로 나오니 '적성검사

및 진로상담' 현수막이 눈에 띄었다. 벌써 몇 년째 나는 저 현수막을 봤다. 현수막을 보면서 재혁이가 초등학교 고학년이 되면 검사를 받아야겠다고 항상 생각했다.

이제 초등학교 4학년이니 진로나 적성에 대해 알아볼 때가 됐다. 진로나 적성검사를 빨리 받는다고 인생의 최종 목적지가 빨리 결정되는 건 아니다. 하지만 동기부여가 되는 계기가 될 수 있다. 상담실의 문을 두드렸다. 인터넷으로 적성검사 테스트를 한 후, 결과는 아이와 함께 상담을 받으러 오라고 했다. 시험공부를 하고 나온 재혁이에게 적성검사에 대해 설명하니 재밌겠다고 했다.

"아빠, 결과가 제가 생각하는 것과는 다르게 나오면 어떻게 해요?"

"적성검사가 정확하다면 비슷하게 나오겠지."

학교시험이 모두 끝났다. 다음날, 연우심리연구소 누리집에 접속해 테스트를 했다. 그리고 상담을 예약한 날 재혁이와 함께 도서관에 방문했다. 테스트 결과가 종합보고서 형식으로 복사돼 우리를 기다리고 있었다.

"안녕하세요. 선생님."

"네가 재혁이니? 결과를 받아보고 무척 궁금했었다."

상담 선생님이 다섯 가지 검사 결과에 대해 구체적으로 말해주셨다. 재혁이의 특성에 대해 조목조목 짚어주는 것이 꼭 점쟁이 같았다. 참 정확했다. 아들도 놀라고 나도 놀랐다. 검사를 받길 잘했다는 생각이 들었다. 재혁이는 이 검사를 통해 자신의 적성에 대해 알게 됐고 즐기면서 할 수 있는 일에 대해 확신했다.

"아빠, 정말 놀랐어요. 굉장히 정확했어요."

나에게도 뜻 깊은 시간이었다. 재혁이의 적성과 진로 방향의 윤곽이 보이니 안개가 걷힌 느낌이 들었다.

아들의 꿈은 여러 번 변천을 거쳐 지금은 국제변호사가 됐다. 재혁이는 훌륭한 변호사가 되고 싶다며 하버드 법대나 서울대 법대를 입학하는 것을 목표로 삼았다. 재혁이는 우선 국제중학교 입학을 목표로 했다. 국제중학교에 입학하려면 재혁이의 실력과 재능을 보여줄 수 있어야 했다. 그래서 정보영재교육원에 지원했다. 재혁이는 정보영재교육원 시험에 1차와 2차 모두 합격했다.

"아빠, 시험을 잘 보긴 했는데 저와는 맞지 않은 것 같아요."

"왜 그렇게 생각해?"

"제 꿈은 국제변호사가 되는 것인데 여긴 컴퓨터 프로그램과 관련된 것을 배우잖아요."

아들의 말이 틀리진 않았다. 그러나 초등학교 4학년이 들어갈 수 있는 국가가 운영하는 영재교육기관은 이곳뿐이었다.

"이곳에 합격해도 다니기 싫을 것 같아요."

시험을 잘못 봤기 때문에 미리 포석을 까는 것 같기도 했다. 그런데 그 표정이 진지했다. 3차 면접 시험을 봐야 하는데 재혁이는 면접 준비를 하지 않았다. 내가 일단 면접을 본 후 결과를 보고 결정하자고 했지만 신경을 쓰지 않았다.

면접에서 나올 질문은 뻔했다. 꿈이 무엇인지, 정보영재교육원이 어떤 곳인지 아는지 등이었다. 면접에 합격하려면 정보영재교육원에 애정을 가지고 이곳을 꼭 다녀야 할 이유를 말해야 한다.

면접을 보고 나온 재혁이에게 어떤 질문이 나왔는지 어떻게 답했는지 듣는 순간 면접에서 떨어졌다는 생각이 들었다. 재혁이는 면접 결과에 연연하지 않고 묵묵히 자기 길을 걷겠다고 했다.

지금은 인생 계획을 세우는 과정이다

일주일이 지난 뒤 아들이 내게 말을 건넸다.

"아빠, 혹시라도 합격하면 다닐까요? 정보영재교육원을 다니다 보면 제 꿈이 바뀔지도 모르잖아요?"

변덕쟁이 아들의 마음이 일주일 사이에 요동을 쳤다.

"그렇게 하렴. 그런데 면접을 그렇게 봐서 합격할지 의문이다."

"3차 시험은 24명 중에 겨우 4명 떨어뜨리는 건데 설마 제가 떨어지겠어요?"

재혁이는 면접을 그렇게 성의 없이 보고도 여유가 있었다. 최종 3차 합격자가 발표되는 날 우리는 마음을 졸이며 정보영재교육원 누리집에 접속을 했다. 합격자 명단에 재혁이의 이름은 없었다. 재혁이와 아내의 실망이 컸다. 나도 충격에 빠졌다.

"아들, 이번 계기로 얻은 것이 있을까?"

"자만하지 말아야 한다는 것을 깨달았어요. 죄송해요."

"그래, 항상 모든 것에 최선을 다해야 해. 너는 아직 꿈이 완전히 정해지지 않았고 진정으로 원하는 일을 찾지 못했으니까 더욱 말이야."

"알겠어요. 그런데 아빠, 만약 제가 최종 합격자 명단에 들어 있었다면 다녀야 할까요? 아직도 그 이유를 모르겠어요."

재혁이의 고민은 계속되고 있었다.

"재혁인 지금 꿈이 뭐야?"

"국제변호사요."

"국제변호사란 정식 명칭이 아니야. 변호사가 나라와 나라 사이의 이해관계를 변호할 때 그 변호사를 국제변호사라고 그냥 부르는 거야. 그리고 훌륭한 변호사는 모든 분야에 대해 잘 알고 있어야 해. 네가 만약 정보영재교육원에 합격해서 프로그램에 대해 배웠다면 훗날 프로그램에 관한 변호를 맡았을 때 다른 변호사보다 네가 더 변호를 잘해줄 수 있지 않을까?"

"아빠 말씀 들어 보니 그런 것 같네요. 제가 생각을 잘못했어요. 면접 준비를 잘해서 합격을 했어야 했는데 정말 죄송해요."

어깨가 축 늘어진 아들을 보니 마음이 더 무거웠다. 그러던 중 재형이 아빠로부터 전화가 왔다. 재형이와 재혁이를 함께 영어 스터디 모임을 시키면 어떠냐는 것이었다. 좋은 생각이었다. 재혁이도 재밌겠다며 해보겠다고 했다. 영어 스터디 모임은 국립영어도서관 3곳 중에 하나인 가양도서관에서 하기로 했다.

첫 번째 모임에는 재혁이와 재형이, 그리고 7살 때부터 책을 읽기 시작해 5년간 1만여 권의 책을 접해 영어 영재로 통하는 김진이라는 여자 아이가 함께했다. 첫 만남이라 다들 어색한 표정이었다. 가양도서관에서 영어 책 읽어주기 봉사를 하는 진이가 재혁이에게 도서관에 대해 설명해줬다. 세 아이들은 금방 친해졌다. 2시간의 토론이 금방 지나갔다. 우리는 아이들이 있는 방으로 갔다.

"첫 번째 주제는 무엇으로 정했니?"

"재혁이와 재형이는 직업에 대해, 진이는 역사에 대해 하자고 했어요. 다수결원칙으로 첫 번째 주제는 직업, 두 번째 주제는 역사로 정했어요."

재혁이는 집으로 돌아와서 변호사란 직업에 대해 자료를 수집했다. 그리고 영어 토론을 위해 문서를 만들고 인쇄를 했다.

"아빠, 어때요?"

"잘했네. 변호사에 대해 알아봤니?"

"네, 전에 아빠가 말씀하신 것처럼 국제변호사란 말은 원래 없더라고요. 대신 두 나라 이상의 국가에서 변호사 자격을 취득하면 국제변호사라고 불러요."

"그래."

좋은 친구를 만난다는 것만큼 설레는 것도 없다. 재혁이가 영어 스터디 모임을 통해 매주 그런 느낌을 받기를 바랐다. 만남은 그 자체만으로도 소중하다. 만남의 결과가 어떤지는 중요치 않다. 나는 재혁이가 더 많은 친구들을 사귀고 더 많은 경험을 하면서 행복한 나날을 보내길 바랄 뿐이다.

영어 토론이 있고 며칠이 안 된 금요일이었다. 차량 운행을 마치고 어린이집으로 들어서자 아내와 재혁이가 들뜬 얼굴로 내게 달려왔다.

"자기야, 오늘 정말 기쁜 일이 생겼어. 뭔지 맞춰봐."

"어린이집 회원 들어왔어?"

"그것보다 10배는 더 기쁜 거야. 10분 줄게. 생각해."

야릇한 기분이 들었다. 기쁜 소식을 10분 동안 생각해보라니, 정말 무엇일까? 아들과 아내를 저토록 흥분시키고 행복하게 한 것이 무엇인지 무척 궁금했다.

"10분 지났어. 말해줘. 도저히 감히 안 와."

"정보영재교육원에서 연락이 왔어. 아들을 추가 합격자에 포함시켰다고, 월요일에 영재교육원에 와서 합격증을 받아 가래."

내 생애에 이처럼 기쁜 일은 없었다. 오늘은 아들 때문에 이 세상을 다 얻은 것 같았다. 그리고 고마웠다.

아들에게 아빠에 대한 추억을 키워주고 싶었다. 아들 재혁이가 홀로 서야 하는 날, 아빠와의 추억이 힘이 됐으면 한다. 지난 12년, 재혁이의 마음을 이해하려고 즐겁게 놀았다. 그 이상도 그 이하도 아니었다. 나의 꿈보다 아들의 꿈에 내 꿈을 맞췄다. 재혁이가 꿈을 향해 가는 것을 묵묵히 도와주고 지켜봐주고 싶었다. 재혁이는 자신의 꿈을 향해 가고 있기 때문에, 또 그 길에 아빠가 서 있기 때문에 지금처럼 행복하게 웃는 것일 게다.

10년 후의 아들에게

사랑하는 아들아. 네가 초등학교 때, 전태일의 책을 읽고 가슴 아파하던 생각이 문득 나는구나. 남을 배려하고 생각한다는 것은 말처럼 쉬운 일이 아니란다. 자기를 희생하고 남을 위해 사랑하는 가족조차 만날 수 없는 상황에 처하기도 하지.

아빠는 네가 세상에 나왔을 때부터 지금까지 계속된 한 가지 소망이 있단다. 그것은 아들이 전태일처럼 아름다운 청년으로 자랐으면 하는 거란다. 아빠와 함께한 시간들이 너에게 아름다운 추억으로 남아 너에게 힘이 되길 바란다. 이젠 네가 원하는 대학생이 되었으니 너의 꿈을 향해 혼자 도전해도 좋을 것 같구나.

아빠는 가끔 이런 생각한단다. 만약 빌 게이츠나 워렌 버핏이 대한민국에서 태어났다면 얼마나 좋을까? 이들이 대한민국을 위해 좀 더 좋은 일을 많이 하지 않았을까! 평범한 한 사람이 사회에 공헌하는 것도 의미가 있지만, 빌 게이츠처럼 뛰어난 한 사람이 수백만 명을 먹여 살리고 인류에 위대한 영향을 미치는 것을 보면서 사실 부럽기도 했단다. 그 부러움 때문에 너의 교육에 더욱 열정을 가졌단다.

아빠는 네가 평생을 즐겁게 할 수 있는 일을 찾아 그 일을 하면서 남에게 도움을 줄 수 있었으면 한단다. 주위 사람들의 강요에 의해 원하지도 않는 일을 한다면 나중에 분명 후회를 한단다. 자기 자신을 사랑하고, 큰 사람이 되었을 때, 약자를 생각하고 위하는 행동을 할 수 있는 마음을 가졌으면 한다.

가난한 내가 너에게 해줄 수 있는 게 그다지 많지 않았단다. 그러나 몇 가지는 확실하게 가르쳐주고 싶었다. 그것은 하늘을 우러러 한 점 부끄러움이 없게 살 양심과 그 어떤 험난한 세상만사와도 싸워 이길 수 있는 지혜였다.

인생은 사랑하면서 살기도 모자란다는 말이 있다. 아빠는 우리 가족 모두가 살아가는 시간 동안 서로 사랑만 하면서 각자의 인생을 행복으로 채워나가길 바란다. 그리고 나는 적어도 나 만큼은 그 꿈을 이루고 있다고 믿는단다. 두 아들과 함께여서 아내가 함께여서 내 삶은 더욱 빛나고 행복했단다. 어려웠던 지난날도, 오늘도, 내일도 말이다.

‘가족은 사랑으로 시작해서 이해로 끝난다’는 나의 생각이 너의 생각과 조금은 일치하기를 바라며, 행복한 어른으로 계속 성장해나가길 바란다.

평생 공부와 인성을 좌우하는 아이 습관 3년의 비결

가난한 부모라면 세상에 맞설 지혜를 줘라

초판 1쇄 발행 2012년 11월 13일
초판 2쇄 발행 2012년 12월 16일

지은이 이상화
펴낸이 김선식

Chief editing creator 이선아
Editing creator 홍다휘
Design creator 김태수

3rd Creative Story Dept. 이선아, 정지영, 홍다휘, 박고운, 전소현
Creative Marketing Dept. 이주화, 원종필, 백미숙
    Online Team 김선준, 박혜원, 전아름
    Public Relation Team 서선행
    Contents Rights Team 김미영
Creative Management Dept. 김성자, 송현주, 권송이, 윤이경, 김민아, 한선미

펴낸곳 (주)다산북스
주소 경기도 파주시 회동길 37-14 3층
전화 02-702-1724(기획편집) 02-6217-1726(마케팅) 02-704-1724(경영관리)
팩스 02-703-2219
이메일 dasanbooks@hanmail.net
홈페이지 www.dasanbooks.com
출판등록 2005년 12월 23일 제313-2005-00277호

종이 (주)월드페이퍼
인쇄 · 제본 (주)현문

ISBN 978-89-6370-075-5 (13370)

이 책은 〈초등 입학 전 아이의 3년〉의 개정판입니다.